Matthias Stührwoldt

Der Wollmützenmann

Geschichten und Gedichte

Zu diesem Buch

Matthias Stührwoldt, Jahrgang 1968, bewirtschaftet mit seiner Familie und seinen Eltern einen Bauernhof im schleswig-holsteinischen Stolpe (Kreis Plön). Lebendig, frech und berührend erzählt er in Geschichten und Gedichten vom handfesten bäuerlichen Alltag, der ganz und gar nicht alltäglich ist. Denn welcher Biobauer wohnt schon an der Autobahn, hat mit seiner Liebsten fünf Kinder, rennt ständig hinter seinen entlaufenen Rindern her, führt einen nicht enden wollenden Generationskonflikt mit den Eltern und schreibt auch noch Bücher darüber? Spätestens seit seinem Erstling "Verliebt Trecker fahren" (erschienen im AbL-Verlag 2003) wissen auch Nicht-Bauern: der Bauer von heute lebt, liebt, leidet und lacht wie sie und ist ziemlich dicht dran am Leben.

Dank

Für die Liebste: Birte.
In Liebe, Tias.

Und für Euch, liebe Gören:
Marie, Nora, Peer, Carla, Jon.
Der Alte.

Vielen Dank: Birte:
für das Glück, mit Dir leben zu dürfen.
Und dass Du mich immer wieder los lässt.
Und mich festhältst.
Alles zu seiner Zeit.

Mudder und Vadder:
für all die Hilfe und dafür,
dass Ihr immer da seid,
wenn wir Euch brauchen...

Schwiegermama:
fürs Tippen, fürs Kinderhüten und und und...

Udo:
ich weiß,
kleine Brüder sind anstrengend!

Dieter:
für all die Hilfe!

Maike:
für mein erstes Tagebuch.

Vera:
für Deinen Einsatz!

Anja:
für die Bilder und die Freundschaft.

Baude:
für das Autobahnteilstück.
Elf Jahre hast Du noch!

Allen Freundinnen, Freunden,
Bäuerinnen, Bauern,
Leserinnen, Lesern!
Viel Spaß damit!

Dank für die Inspiration:
Arlo Guthrie, Eldkvarn

"Als Mutters Heu warm geworden war"
ist der Freiwilligen Feuerwehr Stolpe
und den Stolper Bauern gewidmet.

Haut rein!   Matthias

Ach ja - wie immer gilt:
Das ganze Buch ist erstunken und erlogen!
Ähnlichkeiten mit tatsächlich lebenden oder bereits
verstorbenen Personen oder Tieren sind nicht
beabsichtigt und also reiner Zufall!

Inhalt

Als Mutters Heu warm geworden war

In einem fernen Sommer heiratete ich. Das war ein Schock für meine Eltern, kam die Braut doch nicht einmal von einem Bauernhof. Sie versuchten es mir auszureden. Als das nichts nutzte, sagte der Alte: "Ik föhr to Kur!"

So planten also die Liebste und ich die Hochzeit für den August. Ich kam mir seltsam rebellisch vor. Das fühlte sich gut an. Und der Alte plante für Juli seine Kur. Sie war bewilligt; der Termin stand. Vorher musste noch das Heu rein. Und es war Kieler Woche. Das heißt: traditionell schlechtes Wetter. Trotzdem pressten wir.

Ich arbeitete damals als schwerer Erzieher in einer Tagesstätte für Schwer Erziehbare und hätte also keine Zeit gehabt, mich in Vaters Abwesenheit um die Ernte des Heus zu kümmern. Langer Rede kurzer Sinn: Das Heu war wohl schon trockener als Silage, aber getrocknetes Gras ist anders als das, was nun auf unserem Heuboden lag. Der Alte war froh, dass das Heu drin war, und fuhr zur Kur. Aus dem Zugfenster rief er noch: "Kiek mal na dat Heu! Vellicht ward dat warm! Ober dat mutt sik blots utschweiten!" Und weg war der Zug; weg war der Alte.

Dann ging alles seinen Gang. Mutter hatte zwei Freunde als Hilfe für den Alltag, und nach Feierabend kam ich auf den Hof und kümmerte mich ein wenig.

Eines Tages, morgens, nach dem Melken, war Mutter im Kälberstall unter dem Speicher mit dem frischen Heu. Sie wollte gerade etwas Schrot geben, da fand sie, dass es ulkig rieche. Das kam von oben. Weiß hing die Glut in den Deckenbrettern. Mutter stocherte mit der Forke darin herum. Sie murmelte: "Ik glööv, dat Heu is warm." Sie gab den Kälbern Schrot, dann ging sie rein und kochte Kaffee für sich und ihre Helfer; denn nichts geht über ein ordentliches Frühstück. Als alle satt waren, zog Mutter sich ihr Schrankzeug an, setzte sich in den alten Wagen und fuhr zu Hans und Greta. Sie waren auch Bauern, und Hans war Feuerwehrhauptmann.

Sie saßen gerade beim Kaffee und boten Mutter einen an. Man war befreundet, und so wurden erst mal Neuigkeiten ausgetauscht. Schließlich gehört es sich nicht, gleich mit der Tür ins Haus zu fallen. Wie geht es Vater auf der Kur, wer ist Schützenkönig in Wankendorf, dem Huberbauern ist die Frau weggelaufen, und so weiter. Gretas Kaffee war die Krönung.

Irgendwann meinte Mutter, ganz nebenbei: "Du, Hans, ik glööv, mien Heu is warm. Kannst du mal kieken kommen?"

"Jo, natürlich, komm, wi föhrt na de Kreisfüerwehr und hoolt dat Heuthermometer!"

"Dat deit nich Not. Ik glööv, dat Heu is schon recht warm."

"Wie warm?"

"Da sitt all Glut in." Hans und Mutter fuhren zum Hof und guckten. Und Hans sagte: "Da mööt wi wohl in Gang. Aber ohne Alarm. Dat mokt immer son Larm." Dann setzte er sich in sein Auto, fuhr von Hof zu Hof und sagte den anderen Feuerwehrbauern Bescheid.

Als sie alle da waren, stellte die Bauernfeuerwehr einen Kipper vor den Kälberstall, und dann rissen sie die Bretterwand des Heubodens ab. Das Heu, welches zuvor in der Luftknappheit des Bodens friedlich vor sich hin recht warm gewesen war, fing nun an Feuer zu fangen, und so musste der jüngste und sportlichste der Feuerwehrbauern hoch auf den Boden, um das Feuerheu auf den Kipper zu forken. Ein anderer fuhr das Heu, welches immer wärmer wurde, dann aufs freie Feld, und so ging es, bis alles Heu auf dem Feld und nichts mehr auf dem Boden war.

Mutter hatte derweil Bier und Würstchen geholt und eine große Schüssel Kartoffelsalat gemacht, denn ohne richtige Verpflegung taugt das schönste Feuer nichts. Und als ich am Nachmittag von der Arbeit kam, fand ich unser Heu qualmend auf dem Feld und die Feuerwehrbauern qualmend und essend und trinkend auf dem Hof. "Was ist hier denn los?"

"Euer Heu ist warm geworden!"

"Quatsch! Das musste sich bloß ausschwitzen!", sagte ich, aber dann erzählten sie von der Glut und ich musste zugeben, dass das Heu wohl schon recht warm gewesen war. Und auch ich nahm mir ein Bier. Wir hatten eine schöne Zeit; bald kletterten wir auf den Heuboden, um zu schauen, ob noch irgend etwas anfangen wollte zu brennen. Zu dritt machten wir ein kleines Fest aus der Brandwache. Noch einige Male fing es an zu blökern. Wir löschten abwechselnd mit Bier und Urin. Irgendwann war ich nur noch alleine da, und als es zuletzt noch einmal qualmte, und das ist kein Spruch, ungelogen, da kotzte ich das Feuer aus. Seitdem hat der Ausdruck "Auskotzen" eine ganz und gar neue Bedeutung für mich.

Der Alte wusste nichts von alledem. Sein Kurfrieden sollte nicht gestört werden. Deswegen hatten alle Order, sich an die festgelegte Sprachregelung zu halten. Am Telefon fragte er nach dem Heu, und Mutter sagte, ebenso wie alle anderen: "Dat is recht warm."

"Dat mutt sik blots utschweiten!", antwortete Vater da, und dann wurde geschwiegen, bis Vater nach der Kur wieder nach Hause kam. Er stieg aus dem Auto;

die Kinnlade fiel ihm runter, und ein zutiefst bäuerliches Grunzen entfuhr ihm. Mit großen Augen stand er vor der geöffneten Heubodenwand und sagte: "Oha, dat Heu is wohl recht warm worrn, wat?" Und Mutter nickte.

Wir haben später noch einen tollen zweiten Schnitt zu Heu gemacht. Und Birte und ich, wir heirateten trotz allem. Denn wir liebten uns. Auch wenn sie nicht vom Bauernhof kam.

Die Versicherung aber, welcher wir den Schaden meldeten, sie weigerte sich zu zahlen. Es war eine kleine Versicherung, die Brodersholmer Brandgilde, kann aber auch der Schmalensteder Schmauchring oder die Blünstorfer Blökerkasse gewesen sein - ich hab es vergessen. Jedenfalls wurde diese Versicherung von einem Bauern betrieben, der auch sein eigener unabhängiger Sachverständiger war. Er kam, sah sich den Schaden an und sagte, als er den dampfenden Heuhaufen auf der Koppel sah, dass ja wohl von Heuselbstentzündung nun gar nicht die Rede sein könne. Vielmehr sei das Heu ja nur recht warm und müsse sich nur ausschwitzen. Seine Versicherung sei aber eine Feuerversicherung, und es habe ja noch nicht einmal einen Feueralarm gegeben. Und es sei kein Fall für seine Versicherung, schließlich betreibe er keine Versicherung gegen recht warmes Heu, und so ein bisschen Glut auf dem Heuboden, nun ja, das sei Berufsrisiko, das komme schon mal vor, das habe noch keinem geschadet. Geld jedenfalls gebe es von ihm keines.

Ich weiß nicht mehr genau, wie es weiterging. Am Ende hat er bezahlt, der alte Versicherungsbauer. War einen Versuch wert, mag er sich gedacht haben. Beim Heumachen jedenfalls passen wir jetzt immer gut auf, dass es auch ja trocken genug ist. Ausschwitzen sollte es sich schon immer am liebsten auf dem Feld.

Der Totengräber

Im allgemeinen bin ich nicht das, was man zartbesaitet nennt. Ein Beispiel mag das verdeutlichen.

Beim Versteckspiel auf dem Hof war ich immer der Beste. Niemals wurde ich entdeckt. Das lag an meinem exklusiven Spezialversteck. Ich ging immer einmal um den Stall, dorthin, wo die ausgefahrenen Lasterspuren endeten. Dort gab es eine winzige, quadratische Betonplatte mit einem kleinen Klappdeckel oben drauf. Heute würde man wohl Kadaverabdeckhaube dazu sagen, aber damals gab es dieses Wort noch nicht. Wir nannten diesen Platz einfach "Abdecker", weil dort alles landete, was von jenen schon damals giftgrünen Lastern abgeholt wurde, um daraus wer weiß was alles herzustellen.

Der Abdecker war ein todsicheres Versteck, oftmals nicht nur für mich, wobei die anderen Insassen sich hier nicht bewusst versteckten, dafür aber sehr deutlich tot waren. Ich klappte den Deckel zur Seite. Mit glasigen Augen lagen sie da, Kalb oder Ferkel oder beides, und ich stieg dazu. Sie hatten nichts dagegen. Ich legte zum Luftholen einen Ast unter den Verschluss, setzte mich und schloss den Deckel über mir. Still kuschelte ich mich an die kalten Gefährten und horchte nach draußen, ob die Spielkameraden mich suchten. Manchmal hörte ich sie vorbeigehen, aber nie guckte einer unter die Haube. Einmal schlief ich ein und wurde erst am nächsten Tag vom Abdecker geweckt, als er mir gerade seinen Augenhaken ins Fleisch rammen wollte. Er rief meinem Vater zu: "Wat schall ich opschrieben: Kalf oder Farken?", da erwachte ich, erschrak ganz fürchterlich, sprang auf und rannte los. Meine Eltern hatten schon die Polizei informiert; die Suchaktion sollte gerade beginnen, ich aber lief zuerst zu meinem Bruder und schrie: "Gewonnen, gewonnen!"

"Wir haben dich überall gesucht. Wo bist du gewesen?"

"Sag ich nicht!" Und ich sagte nichts, mein Vater auch nicht, obwohl er gesehen hatte, wo ich über Nacht geschlafen hatte. Meine Mutter kam angelaufen und schloss mich in ihre Arme. Ich war offensichtlich schon lange genug weg gewesen, um keinen Zorn, sondern Tränen der Erleichterung auszulösen. Neudeutsch heißt das "Timing".

Ein weiteres Beispiel für meine Hartgesottenheit: Bis zur ersten Klasse konnte ich mit dem Begriff "Katze" nichts anfangen. Das führte dazu, dass ich beim Sehtest anlässlich der ärztlichen Schuleingangsuntersuchung fast für nicht schulreif erklärt wurde. Der Doktor zeigte mit einem Stab auf das Bild einer Katze, und ich sollte sagen, was ich sehe. Ich guckte, erkannte und rief: "Plattschüffel!" Der Arzt guckte sparsam und forderte mich auf, noch einmal genau hinzusehen. Ich kam mir etwas blöde vor, tat noch mal so, als ob ich genau hingucke, dann sagte ich wieder: "Plattschüffel!" Es folgte der Auftritt meiner Mutter. Sie erläuterte dem ungläubig glotzenden Doktor, "Plattschüffel" sei gewissermaßen meine Privatbezeichnung für "Katze". Sie könne sich das nur so erklären, dass ich das in frühester Kindheit aufgeschnappt haben müsse, denn ihr Mann, mein Vater, rufe jedes Mal, wenn er eine Katze sehe, nach seiner Plattschüffel, und da habe das Kind, also ich, wohl gedacht, "Katze" heiße nicht "Katze", sondern "Plattschüffel". Mit einem skeptischen Blick notierte der Schularzt etwas in den Untersuchungsbogen, aber jedenfalls durfte ich dann doch zur Schule gehen.

Wie gesagt: Ich war niemals zartbesaitet. Als Bauernhofkind wächst man mit dem Gebären, Leben und Sterben der Hoftiere auf. Eine meiner frühesten Erinnerungen ist die an meinen Vater, der mit dem Frontladertrecker über den Hof fährt, einen verendeten Mastbullen mit einem Strick an die Forke gehängt. Der Bulle schlenkerte an dem Seil, seine Zunge hing blau aus dem Maul; eine gelbe Flüssigkeit tropfte davon herunter. Sie war offenbar ziemlich schmackhaft; denn sie wurde von dem Hund, der hinterdrein lief, vom Hof aufgeleckt.

Hunde sind, was solche Dinge angeht, wirklich ekelerregend, vor allem dann, wenn sie sich wochenalte Rindernachgeburt aus dem Misthaufen gebuddelt haben, um sie genüsslich aufzufressen oder - schlimmer noch - irgendwo im Haus leidenschaftlich und voll bei der Sache wieder auszukotzen, natürlich genau dort, wo es keinen Fliesenfußboden gibt, sondern besonders pflegeleichten echten Flokati. Niemals - so zartbesaitet bin ich also doch - würde ich mich von einem Hund ablecken lassen. Nicht, solange ich lebe. Genauso wenig würde ich übrigens einen Apfel essen, den ein Bauer zuvor mit seinem Taschenmesser zerteilt hat - ich weiß, was mit diesem Universalwerkzeug alles geschnitten wird! Also, wenn ich es mir so recht überlege, bin ich doch ein ziemliches Weichei...

Aber ich habe mir ein Stichwort gegeben: Misthaufen. Den Misthaufen als Misthaufen zu bezeichnen, ist eine grandiose Vereinfachung. Eigentlich müsste man das differenzierter ausdrücken, schließlich ist er auch Komposthaufen, Futterresthaufen und Urinal, früher noch dazu Kleintierfriedhof. Vielleicht wäre

Wertstoffcenter als Name für das System Misthaufen besser geeignet, oder vielleicht Recyclinghof. Nur seinen Status als Kleintierfriedhof hat der Misthaufen verloren, jedenfalls bei uns. Dabei war er vor wenigen Jahren noch unersetzbar in dieser Funktion. Seine biologische Aktivität sorgte für schnellste Umsetzung. Nur für Schweine und Rinder kam der Abdecker, für alles Kleinere - Kaninchen, Katzen, Hühner - war der Misthaufen die Endstation. "Dor lich een dodc Katt, schmittst du ehr opn Messhupen?" So ging es all die Jahre, und friedlich lebten wir Bauern in den Tag hinein, bis unsere Kinder so groß waren, dass sie selber Haustiere haben wollten.

Vor einigen Jahren fing es an; unsere drei Großen wollten jetzt ihre eigenen Viechereien. Es gab zunächst Kaninchen für jeden. Einen Tag lang war es für alle interessant; dann stellte Peer fest, dass die Karnickel ständig fressen wollen und also Arbeit machen. Er stellte "Freche Socke" - so hieß sein Tier - ein Ultimatum. Entweder Freche Socke verzichte auf Fressen, Saufen und dazugehörige Ausscheidungen, oder er werde zur Adoption freigegeben. Marie, unsere Älteste, adoptierte erst Freche Socke, dann auch Hoppel, das Kaninchen ihrer Schwester Nora, welche die Versorgung ihres Tieres immerhin zehn lange Tage ausgehalten hatte. So weit, so schön. Marie freute sich, ihre Wettbewerber freundlich übernommen und ihren Tierbestand verdreifacht zu haben. Wachsen oder weichen. Marktwirtschaft pur, und alle waren zufrieden damit. Alles war prima.

Dann kam die Katastrophe. Es war Winter. Die Liebste und ich waren am Renovieren. Wir standen gerade auf einem handelsüblichen Trittleiter-Arbeitspodest-Zwitter, um gewöhnliche Raufasertapete an die Wand zu klatschen, als ein furchterregendes

Geschrei ertönte. Vor Schreck fiel ich vom Podest in den Kleistereimer, sprang aber sofort wieder auf, gepackt von Entsetzen, weil ich wusste: So hört sich nur Todesangst an. Ich erwartete, jetzt würde ein Kind mit abgeschlagenem Arm, Bein oder Kopf eintreten, aber da kamen Marie und Nora durch die Tür, äußerlich unversehrt, aber wie abgestochen unverständliches Zeug schreiend.

Es dauerte Stunden, bis wir kapierten, was geschehen war. Ein Kaninchen war verstorben. Einfach so. Es lag tot im Stall und gab keinen Mucks mehr von sich. War schon steif.

Zunächst trösteten wir, was das Zeug hielt. Es dauerte lange, bis das Geschrei allmählich ein wenig leiser wurde. Es war schon bald Futterzeit. Irgendwann taten mir die Ohren weh. Ich wollte raus. Ich zog Stiefel an und sagte: "Ich hol denn mal das Karnickel und schmeiß es auf'n Mist!" Das Geschrei, gerade etwas abgeebbt, brandete erneut auf, und die Liebste warf mir einen bösen Blick zu. Ich verstand nicht. "Was ist denn?" fragte ich und war mir keiner Schuld bewusst. "Beerdigen! Du musst das Kaninchen beerdigen!" sagte sie wie zu einem dummen Jungen, und ich antwortete: "Beerdigen? Wir haben Frost, der Boden ist hart, und ich soll ein, ich soll ein Karnickel beerdigen?"

"Kaninchen! Es heißt Kaninchen!", schluchzte Marie dazwischen, "beleidige meinen Hoppel nicht!" Und die Liebste guckte mich drohend an, weil sie wusste, dass ich sagen wollte, dass das Hoppel wohl kaum noch stören würde, wenn ich Karnickel zu ihm sage, und am liebsten wäre ich wie toll auf und ab gehüpft, laut "Karnickel! Karnickel!" rufend, nur um Marie zu ärgern, weil ich manchmal meinen Mund nicht halten kann, da sprach sie, die Liebste, langsam und nachdrücklich und sehr dominant, so wie ich sie so sehr liebe, zu mir: "Tias, du gehst jetzt raus und beerdigst das verstorbene Kaninchen Hoppel. Und denke nicht nach, mach es einfach und schweig still, ja Schatz?" Und ihr Blick versetzte mir einen Stich in die Brust, ganz zart nur, aber unmissverständlich. Ich hielt lieber die Klappe.

Die Liebste gab mir einen Schuhkarton, und also ging ich raus; die Kinder trotteten hinterher, und mit der Spitzhacke haute ich ein Loch in den hartgefrorenen Boden. Das war eine schwere Arbeit, drei heulende Kinder sahen mir dabei zu, den Schuhkarton mit dem auf unser Wiesenheu gebetteten Kaninchen - inklusive einer extra großen Möhre als Grabbeigabe - fest in den Händen.

Stunden später war ich so weit. Der Karton sollte jetzt wohl passen; also legte Marie nun den Pappsarg in die Grube; Tränen liefen ihr über die Wangen. Fragend blickte sie mich an. "Wollen wir ein Lied singen?" fragte sie. "Was für ein Lied?" wollte ich wissen. "Na, irgendeines, für meinen Hoppel...", und sie weinte wieder. Ich bin nicht religiös und kenne keine Kirchenlieder. Was sollte ich tun? Fieberhaft suchte ich in meinem Kopf nach einem passenden Lied, dann fiel es mir ein. Ich räusperte mich und sang: "For he is a jolly good fellow, for he is a jolly good fellow, for he ist a jolly good fellow. And so say all of us." Die Kinder freuten sich, aber Peer wollte wissen: "Was heißt das auf Deutsch?" Ich probierte eine sinngemäße Spontanübersetzung. Wieder sang ich, diesmal auf Deutsch, und ich konnte so gerade eben mein Lachen unterdrücken: "Er war ein prima Kerl, er war ein prima Kerl, er war ein prima Kerl, wer anners schnackt, kriegt aufs Maul." Ich blickte mich um. Die Kinder waren zufrieden. Jeder warf ein wenig Erde auf den Karton, dann kratzte ich das Loch wieder zu.

Später am Abend kam Marie noch einmal und sagte: "Du, Papa, eines musst du mir versprechen. Bitte schmeiß nie wieder ein Tier auf den Misthaufen!" Und ich versprach. Seitdem hat unser Misthaufen als Tierfriedhof ausgedient; nur die Nachgeburt landet dort nach wie vor und manchmal eine klitzekleine Katze, aber nur, wenn sie vorher schon tot war und ich mir sicher bin, dass sie keiner vermissen wird und dass mich keiner beobachtet.

Inzwischen ist der Kleintierbestand deutlich gewachsen. Es gibt Hühner, Kaninchen und Meerschweinchen. Vor allem letztere haben doch einen enorm kurzen Lebenszyklus und sind zudem noch höchst empfindlich - schlimmer noch als Puten. Kaum fährt ein lautes Motorrad auf der Autobahn, schon kippen die Viecher, die schon lebendig wie aufgeplatzte Miniatursofakissen aussehen, tot aus ihren Käfigen.

Das Geschrei danach ist übrigens kürzer geworden, leiser, weniger spektakulär, und nach siebenunddreißig Sekunden Trauerzeit und Schwarztragen kommt die Frage: "Darf ich ein Neues?", noch halb tränenerstickt, so dass man gar nicht nein sagen kann, aber beerdigen muss ich trotzdem, mit allem Pomp und aller Feierlichkeit. Das bedeutet dann wieder Arbeit für mich. Ich setze die schwarze Totengräberwollmütze auf, hole je nach Jahreszeit Spaten oder Spitzhacke und mache mich auf zum Tierfriedhof, der inzwischen gute zwei Hektar groß ist, buddele ein Loch, singe mein Lied, man kennt es ja.

Nur einmal noch wagte ich, aufzubegehren. Diese ständige Totengräberei ging mir auf die Nerven und nahm mir zuviel Arbeitszeit. Also sagte ich, von nun an würde ich nur noch Massenbegräbnisse von mindestens zehn toten Tieren durchführen. Aber so schnell sterben selbst Meerschweinchen nicht, und als der Aufbewahrungskarton langsam wegzuschleichen begann, habe ich ihn dann doch lieber schnell noch verbuddelt.

So geht unser Leben nun dahin, Tag für Tag. Vor Sylvester kaufe ich immer Tonnen von Feuerwerkskörpern, um auch im härtesten Winter Grabgruben in den norddeutschen Permafrostboden sprengen zu können. Und die Liebste muss nun Schuhe über Schuhe kaufen. Ohne zu murren oder zu klagen, nimmt sie dieses Opfer auf sich, notgedrungen, damit wir auch immer genügend biologisch abbaubare Kleintiersärge haben. Nur eines verstehe ich nicht: Warum zum Teufel steht sie immer noch vor dem Schuhschrank und ruft: "Schatz! Ich weiß nicht, welche Schuhe ich anziehen soll! Ich hab' überhaupt keine Schuhe mehr!"

Frühjahr

dichtmachen
an einem frischen Tag
wenn die Luft nach Leben riecht
und der Wind die Müdigkeit vertreibt

einmal alle Zäune kontrollieren
alle Wiesen ablaufen
alle Lieblingsecken besuchen
gucken, ob sie noch da sind

vielleicht treffe ich den Nachbarn
jetzt wieder ohne seinen Winterpullunder
bis zum November wird er nur noch
kurzärmelige Hemden tragen

draußen sein
das ist es
endlich wieder draußen sein
ohne Mütze und Mantel
tief einatmen
diese Luft macht stark
rein in die Lunge damit
es sei denn
einer fährt Gülle

walzen und schleppen
das genießt jeder Bauer
endlich wieder
rund um die Koppeln fahren
und nicht nur zum Siloplatz
und zurück

es sind diese Tage im Frühjahr
wenn die Sonne plötzlich wieder wärmt
wenn der Regen fast zärtlich fällt
wenn das Licht allmählich wiederkehrt
und zahllose Farben zaubert

diese Tage sind es
an denen die Freude
über mein Tun
unbeschreiblich ist

vergiss nicht zu singen
bei der Arbeit
ruft der Alte mir nach

und meine Liebste lächelt mir zu
und flüstert in den Wind

bis nachher mein Bauer
ich warte auf dich

Die Erfindung des Melkroboters

Damit das klar ist: Nicht diese bekloppten holländischen Melktechnik-Konzerne haben den Melkroboter erfunden. Weit gefehlt. Nein, ich bin es gewesen, im Oktober 1982. In den Herbstferien. Auf Fehmarn. Während unserer Konfirmandenfreizeit. Auf einer Nachtwanderung. Bei Scheißwetter. Mit nassen Füßen. Denn es war Neumond; es war dunkel, schwarz wie die mondlose Nacht, kein Wunder, es war ja die mondlose Nacht, und ich schwöre: Ich bin in jede Pfütze Fehmarns gelatscht. Aber das störte mich nicht. Denn ich ging Hand in Hand mit Kerstin, und ich war zwar nicht im siebten, aber mindestens im fünften, na ja, sagen wir: im vierten Himmel. Ich fühlte mich aber gut. Glatt und warm und klein lag Kerstins Hand in meiner, und ich träumte gerade davon, mit ihr gemeinsam unseren Kühen die Klauen zu beschneiden; wir beratschlagten, wie am besten der nächste Schnitt des Hufmessers anzusetzen sei, da fiel mir auf, dass Kerstin nicht nur eine Hand hatte. Auf der anderen Seite ging nämlich Ole, ein anderer Bauernsohn aus unserem Dorf, und er ging verdächtig nah an Kerstins linker Seite, so dass ich mir ausmalen konnte, dass Kerstins andere Hand in seiner derben Pranke ruhte.

Das spornte mich an. Aber da zog Ole schon seinen ersten Trumpf. Er sagte: "Wir haben einen Mercedes!" Scheiße, dachte ich, da können wir mit unserem gelben Käfer nicht gegenan stinken. Ich schwieg. Er hatte gepunktet, und Kerstin versuchte, ihre Hand aus der meinen zu ziehen. Ich hielt sie fest, aber Ole machte gleich weiter: "Und unser Fiat-Schlepper hat 110 PS."

"Booh!" machte Kerstin, und ich sagte: "Dafür ist er auch immer kaputt und überall mit Draht und Band geflickt. Unser Fendt dagegen ist nagelneu, mit Kabine. Mit Radio! Und Heizung! Das ist fast wie ein Wohnwagen, und wenn ich 15 bin und endlich den Treckerführerschein habe, dann könnte ich dich mitnehmen, Kerstin, und wir fahren zur Landjugenddisco nach Schmalensee! Hast du Lust?" Kerstin rief: "Ja, Klasse!" Und sie drückte meine Hand ein wenig fester. Die Runde war an mich gegangen.

Wir gingen weiter. Noch hatten wir nicht alle Pfützen Fehmarns durchquert. Diese verdammte Insel der Inzucht schien nur aus Pfützen zu bestehen.

Ole holte zum Gegenschlag aus. "Welche Schuhgröße hast Du?" fragte er Kerstin. "Neununddddreißig", antwortete sie, etwas verwirrt ob der ungewöhnlichen Frage. "Das passt", sagte Ole zufrieden. "Da brauchst du nicht einmal Gummistiefel mitzubringen, wenn du mich besuchen kommst. Kannste gleich die von meiner Mutter anziehen!" Kerstin stöhnte, ich weiß nicht, ob aus Wollust oder Schmerz. Und Ole machte weiter. "Und dann kannste mir schön beim Melken helfen, ist das nicht toll?"

"Weiß nicht", sagte Kerstin leise. Mir fiel ein, dass sie ja eigentlich noch mit Norbert ging. Mit Norbert spielte ich zusammen Fußball. Er war für seinen Jähzorn bekannt, und er war auch mit auf Freizeit. Wo war Norbert? Scheiße, wenn ich jetzt mit Kerstin etwas anfange, wird Norbert mich beim nächsten Training bestimmt zusammentreten. Sollte ich sie nicht lieber kampflos Ole überlassen?

Aber ihre Hand in meiner fühlte sich so gut an, so zart, so glatt, ich wollte mein langes Leben lang nichts anderes mehr tun als diese Hand halten, die übrigens auch zupacken konnte, das wusste ich, schließlich spielte sie Tennis in der Jugendabteilung des Tennisclubs in Wankendorf, und ich hatte sie schon spielen sehen; denn die Tennisplätze waren direkt neben dem Sportplatz. Als ich einmal einen verirrten Fußball aus den Brennnesseln an der Böschung holen musste, sah ich sie durch ein Loch in der Plane, die den Tennisplatz vor neugierigen Blicken schützen sollte. Sie trug einen unfassbar kurzen Rock; ich sah ihre endlos langen Beine, und wenn sie sich bückte, um einen Tennisball aufzuheben, dann sah ich ihre geblümte Unterhose. Mit der Eleganz einer hübschen Raubkatze jagte sie dem Ball hinterher, ihre Haare flogen um ihr knospendes Gesicht, und ihr junger Busen zitterte derweil elastisch und dynamisch und hypnotisch vor sich hin. Und ihre Vorhand war der Hammer. Damit, mit dieser Kraft, mit dieser Spannung konnte sie bestimmt gut Kälberboxen ausmisten. So stand ich, spähte durch den Zaun und wäre fast zu spät zum Anfang des Fußballspiels gekommen; denn ich hatte vergessen, was ich eigentlich gesucht hatte, dort, wo ich jetzt meine Augen nicht von ihr lassen konnte. Kurz gesagt: Eines war mir klar, nun, viel später, auf Fehmarn. Ich musste Ole Contra geben. Kerstin durfte ihm nicht in die fettigen Wurstfinger geraten.

Ich sagte, laut und deutlich: "Bei mir musst du nicht melken, Kerstin. Da kannst du einfach du selber sein. Du kommst mich besuchen, und dann zeige ich dir meine Sammlung alter Landmaschinenprospekte!"

"Toll", seufzte Kerstin; ich wusste nicht, ob vor Glück oder vor Langeweile, und Ole mischte sich ein und fragte: "Und wer melkt dann?" Und ich überlegte kurz und sagte: "Wieso? Wir haben einen Melkroboter!"

"Wow!" machte Kerstin, und eigentlich fiel mit gar

nichts mehr dazu ein, aber Ole quatschte dazwischen: "Pah, Melkroboter, so einen Schwachsinn habe ich ja nie gehört! Wie funktioniert denn dein..." und er spielte sich künstlich auf: "Melkroboter?"

"Naja, er macht halt alles das, was ein Melker auch tut, nur dass er halt eine Maschine ist. Eine Maschine in Gummistiefeln, übrigens. Damit man sie gut sauber halten kann. Der Roboter läuft mit dem Melkgeschirr zwischen den Kühen rum, melkt vor, setzt die Maschine an. Später füttert er die Kälber und schmeißt Silo vor. Prima Gerät, so'n Melkroboter. Na ja, wird sich nicht jeder leisten können. Er ist nämlich bei uns im Probebetrieb. Ist ein Prototyp. Wird bei uns auf dem Hof heimlich getestet im Rahmen einer Langzeitstudie über die - ähm - Ersetzbarkeit land-wirtschaftlicher Arbeitskräfte. Das darf aber eigent-lich keiner wissen, also, Ole: Geh mal weg! Ich muss Kerstin mal was erzählen!"

Er tat natürlich den Teufel, aber Kerstin drückte meine Hand mit ihren kräftigen kleinen Tennisspieler-innenfingern, und ich latschte in die nächste Pfütze. "Darf ich den denn mal angucken, deinen Melkroboter?" fragte sie, und ich antwortete: "Ja, natürlich, jederzeit, wenn wir wieder von diesem Eiland runterkommen. Dann kommste mich besuchen, ich zeig dir den Roboter, und dann gehen wir rein, trinken Tee, und ich zeige dir meine Prospektsammlung, okay? Du ahnst ja nicht, wie interessant die Geschichte der Landtechnik ist. Total aufregend! Kommst du zu mir? Ist das gebongt?"

"Gebongt", sagte Kerstin, und Ole, der verdammt lange verdammt ruhig gewesen war, sagte: "Wir sind noch viel besser, wir, wir müssen gar nicht mehr Treckerfahren, das geht alles automatisch, über Satellit!" Aber das glaubte Kerstin nicht und sagte:

"Ole, du Spinner! Hau ab!", ließ ihn los und schubste ihn in die größte Pfütze Fehmarns: die Ostsee. "Schwimm heim, zu deinen Gummistiefeln!" rief sie ihm noch hinterher, und für Bruchteile von Sekunden war ich sehr, sehr glücklich.

Dann kam Norbert. Er war irgendwie sauer, keine Ahnung, wieso. Er schwieg in einer Eiseskälte links neben Kerstin. Ich verzog mich lieber, nicht ohne zuvor noch einmal zärtlich Kerstins Hand zu drücken, dann ließ ich sie los und trat in eine Pfütze, die fünfunddreißigste in dieser Nacht, auf dieser unvergesslichen Nachtwanderung.

Seitdem war da was am Laufen mit Kerstin. Wenn wir uns in der Schule sahen, dann tauschten wir verliebte Blicke, ganz kurz nur, dann wurde ich rot wie eine Tomate, und bevor jemand sagen konnte: "Guck mal, die Ampel da!", ging ich lieber wieder. Und ich machte mir ein wenig Sorgen wegen meiner Robotergeschichte. Irgendwann würde sie mich vielleicht besuchen kommen, und dann würde der Schwindel auffliegen.

Zunächst waren wir aber eingeladen, bei Hanne. Es war Herbst, Zeit des Laternelaufens, der Kartoffelfeuer und der Teeabende. Hey, wir waren aufgestiegen. Fürs Laternelaufen waren wir zu alt, für die Kartoffelfeuer war es in jenem Herbst zu kalt, also blieb uns noch der Teeabend. Ein Teeabend, manche sagten auch: eine Teeparty - lief folgendermaßen ab: Es wurde Tee gekocht, schwarzer Tee, so viele Sorten, wie es Kannen gab. Unvorstellbare aromatisierte Sorten gab es. Ich liebte Vanilletee - es war der einzige, den ich mochte, neben Earl Grey. Ich hasste Wildkirsche. Ich hasste sowieso diese ganze Fruchtscheiße. Grüner Apfel, Brombeere, Orange. Der Hammer war: Banane. Ich hätte kotzen können. Warum gab es - so fragte ich mich - nicht auch Silotee? Oder Schweinegülle? Gut, das sind keine Früchte. Aber ekliger als Bananentee konnten die auch nicht schmecken.

Bei Hannes Teeabend gab es die degoutanten Fruchttees noch und nöcher. Zum Glück hatte ich mir eine Kanne Vanilletee mitgebracht. Wir saßen und schnackten; wir lagen auf dem Fußboden; wir lümmelten uns in den Ecken. Norbert war da. Er saß allein in einem Sessel, Kerstin gegenüber. Er guckte schon wieder so sauer. Ole war nicht da. Er hatte angerufen, er könne nicht kommen. Maisernte. Aber ich war da. Ich konnte kommen. Wir hatten keinen Mais, und für den Stall gab es ja den Roboter. Und, ja klar, in Wahrheit: meine Eltern.

Ich saß dicht neben Kerstin, ein wenig rechts hinter ihr. Wir redeten leise, und ich legte meine Hand auf ihren Rücken, auf den Pullover. Meine Hand brannte ein Loch ins Polyacryl, so heiß war mir, so heiß war ich, von dem Tee, von den Kerzen, von den Räucherstäbchen und von diesem Gefühl, dieser Hitze, kaum auszuhalten.

Dann ging das Licht aus. Kerstin fiel nach hinten, in meine Arme. Sie reckte ihren Kopf nach oben, ich beugte meinen Schädel nach unten, unsere Lippen fanden sich, und plötzlich hatte ich ihre Zunge im Mund. Ihre Zunge war spitz, sehr muskulös, eine echte Tennisspielerinnenzunge. So züngelten wir, Tennisass und Fußballtorjäger, und es fühlte sich gut an. Das Blut schoss mir in den Kopf; ich wurde rot, das merkte ich. Außerdem sammelte sich das Blut an einer zweiten Stelle irgendwo mehr mittig in meinem Körper. Ich spürte deutlich, dass all mein roter Körpersaft in genau zwei Organen zusammenlief. Ich fragte mich noch, ob das der Kreislauf wohl aushielte. Da ging das Licht wieder an. Kerstin löste sich schnell von mir, und Norbert rief in den Raum hinein: "Sag mal, Kerstin, ist jetzt eigentlich Schluss oder was?"

"Joop!" sagte Kerstin, und Norbert stand auf, warf noch ein neckisches kleines und geschmackloses Teetischchen um und stürmte hinaus. Beim Training würde er mich umhauen, das war klar, aber das erst am Dienstag, und jetzt war Samstag, also was soll's? Ich wollte mehr von diesen Küssen. "Licht aus!" rief ich, und das Licht ging aus. Kerstin fiel wieder nach hinten, und wir machten weiter, wo wir aufgehört hatten. Das war gut.

Sieben Wochen lang waren wir zusammen. Wir küssten uns auf Feten, auf fleckigen Matratzen, auf Bänken in der Bushaltestelle, auf Teeabenden. Ich hätte so gerne einmal ihren hypnotischen Tennisspielerinnenbusen angefasst, aber ich hatte dazu nicht den Mut, und es war Spätherbst und zu kalt in den Bushaltestellen.

Zum Schluss kam sie auch einmal zu mir, über die Brücke, hinter die Autobahn. Als ich ihr die Tür öffnete, nahm ich all meinen Mut zusammen und sagte: "Äh, Kerstin, das mit dem Roboter war gelogen." Und sie sagte: "Und ich geh jetzt sowieso mit Dieter. Der hat ein Mofa!"

"Aber wir haben drei Trecker. Alles Fendt!" rief ich ihr hinterher. Aber sie war schon gegangen.

Der Düngerstreuerkomplex

Niemals werde ich vergessen, wie es war, als ich meinen ersten Spielzeugtrecker bekam. Es war mein achter Geburtstag, der 23. Januar 1976. Ganz früh am Morgen schlich ich mich in die bitterkalte, dunkle gute Stube; ich hatte das Licht der Alltagsstube in meinem Rücken, und da stand er, mein Ford 7000, auf meinem Geschenketisch. Seine Scheinwerfer glitzerten im schwachen Lichterschein. Augenblicklich war ich überglücklich.

Das also war der Beginn meines Lebens als Landmaschineneigner. Bald gesellten sich zu meinem "Schlepper", wie ich etwas überkandidelt zu sagen pflegte, ein 3-Schar-Pflug, ein Kipper und ein Maishäcksler. Und schon hatte ich meinem Vater etwas voraus. Der arme Kerl hatte ja noch nicht einmal Mais.

Diesen Maishäcksler gibt es immer noch. Er ist im Zuge der vorweggenommenen Erbfolge auf Jon, unseren Jüngsten, übergegangen. Der ist gerade mal dreieinhalb Jahre alt und offenbar ein echter Landmaschinenfetischist. Er geht sogar mit seinen beiden Traktoren ins Bett und schnuffelt sich mit ihnen im Arm in den Schlaf, was ich gar nicht nachvollziehen kann, handelt es sich doch nicht um edle Fendts, sondern um billige Massey Fergusons. Und vom Raiffeisenmarkt hat er sich einen Katalog mit dem kompletten Landmaschinenangebot seines Lieblingsherstellers mitgebracht. Wenn er nicht gerade mit seinen Treckern spielt, studiert er hochkonzentriert all jene Modelle, die er noch nicht hat.

Dann sitzt er vor dem Prospekt und sagt ständig: "Hier, guck mal, Pabbi, das will ich haben. Und das. Und den da. Was ist denn das?" Ich erkläre es ihm und er weiß schon ziemlich gut Bescheid. Er kennt viele Maschinen, wobei er wegen seiner Unfähigkeit, sie korrekt auszusprechen, ständig von so wunderbaren Dingen wie Lundballenplessen, Ladladern, Tiefenglubbern, Siloneidern, Futterwischmagen und Mähdlessern redet.

Ohne auf die Maschinenkosten achten zu müssen, wünscht er sich ein tolles Gerät nach dem anderen, und über kurz oder lang kommt jemand damit angeschüsselt. Er hat alles neu, alles vom Feinsten (na ja, bis auf die Massey Fergusons), kriegt alles in den Hintern geschoben, während unsereiner sich sehr genau überlegen muss, ob der alte Kehrer noch mal repariert werden soll oder ob es Zeit ist, ein anderes, gebrauchtes Modell zu erstehen, irgendwo.

Und also ist sein Futterwischmagen auch von Strautmann, aber ein paar Kubikmeter größer, und er hat eine Rundballenpresse mit Wickelgerät, eine riesige pneumatische Drillkarre (er sagt: Glillkanne) und weiß der Teufel was noch alles.

Aber neulich, das war dann doch zuviel. Er durfte sich für einen Teil seines Geburtstagsgeldes bei Raiffeisen etwas aussuchen. Und was nimmt er sich? Na klar, einen Düngerstreuer, der Verräter! Und die Liebste hat das zugelassen! Sie zückte die Geldbörse und bezahlte das Teufelszeug. Ich kann mir genau vorstellen, wie es war. Überglücklich steht er da, mein kleiner Ödipus, den Düngerstreuer im Arm, und kuschelt sich an die wunderbaren Beine der Liebsten und sagt Dinge wie: Ich hab ein Düngerleuer! Mami, du biss mein aller-, allerglößter Schatz!! Oh Schmerz und Entsetzen! Was geht nur vor in unserem Haus?

Nun gut, ich gebe zu, auch ich besitze einen Düngerstreuer, obwohl ich doch Biobauer bin, aber ich habe ihn nur noch, weil mein Vater sich garantiert an ihm festgekettet hätte, wenn ich ihn hätte verkaufen wollen. Den Düngerstreuer, nicht meinen Vater.

"Und was ist, wenn du in fünf Jahren wieder zurück umstellst? Dann brauchst du den!", so sprach er, und eine dicke Träne rollte ihm über seine stoppelige Wange. Die ganze Umstellung, die langen Haare, das Bücherschreiben, das Grünwählen, das Im-Büro-rumsitzen-während-tüchtige-also-normale-Bauern-arbeiten, all das hatte meinem Vater einiges, nein, das äußerste an Toleranz abverlangt, da wollte ich ihm nicht auch noch seinen Düngerstreuer nehmen. Also habe ich ihn behalten, und es gibt ja sogar im Ökolandbau zugelassene, aber unerschwingliche Handelsdünger, die ich mit ihm, dem Düngerstreuer, ausbringen könnte, wenn ich so bescheuert wäre, so viel Geld für sie, die Öko-Handelsdünger, auszugeben.

Deshalb, wegen dieses gewaltigen großen innerfamiliären Düngerstreuerkomplexes, kann ich Jons neues Spielzeug so gerade eben noch tolerieren. Aber ich weiß, es wird der Tag kommen, an welchem Jon vor dem Regal steht und ruft: "Den Giftblitzer da, den will ich haben!" Um eines klarzustellen: Den Begriff hat Jon nicht von mir; ich sage immer ordnungsgemäß "Pflanzenschutzspritze", aber irgendwie hat sich bei den Kindern das Wort "Giftspritzer" durchgesetzt; ich kann nichts dafür - Ehrenwort! Aber was mache ich dann, an jenem Giftspritzertag irgendwann in baldiger Zukunft? Soviel ist klar - ich habe meine Prinzipien! Eine Spritze kommt mir nicht ins Haus! Nur über meine Leiche, Ödipus!

Sonntagmorgen

Der Duft des Kaffees
am frühen Morgen
in der Küche
ach schmeckte er doch
so gut wie er riecht

heute machen wir halblang
nur das nötigste
füttern melken einstreuen
und Sonntag

noch eine Tasse
und eine kurze Musik
dann geh ich raus

die Alten melken schon
und freuen sich
über Kaffee und Kekse

die Kühe freuen sich auch
denn ich bin
der Mann mit dem Futter

als alles frisst
stehe ich vor der Tür

und genieße
wie der Tag die Nacht besiegt und
die Stille der Autobahn
jetzt
am frühen Sonntag

zu anderen Zeiten
schweigt sie nie
doch nun höre ich
die Melkmaschine des Nachbarn
auf der anderen Seite
er lebt also noch
man sieht sich ja so selten

noch schnell ein wenig Stroh
für die Kälber
wie auf Kommando
toben sie los
frisch und fröhlich und
ach wie ich dieses Wort hasse
frohwüchsig

jetzt freu ich mich
Kälber
wenn sie auch nichts kosten
so sind sie doch viel wert
einem die Augen zu öffnen
am frühen Sonntagmorgen

noch ein wenig gucken
wie sie hopsen

dann ist Feierabend
von morgens um acht
bis Futterzeit

ich geh wieder rein
im Haus ist es still
und warm
alle außer mir schlafen noch

diese Ruhe
atmen
und noch ein Kaffee
ach schmeckte er doch
so gut wie er riecht

Herman van Veens Bullenhoden

Es gibt fast niemanden, den ich mehr verehre als Herman van Veen. Er ist ein großartiger Sänger, Musiker, Poet, Humanist, Visionär und Träumer. Vor allem als Träumer hat er es mir angetan. Der Mann ist sechzig Jahre alt und träumt immer noch. Und auch ich will immer noch Träumer sein, wenn ich mal groß bin. Ein Träumer für eine bessere Welt. Pazifist bleiben, auch wenn ich schon alt und fett und kahl bin.

Aber Herman van Veen ist mehr, hat mehr. Er ist nicht nur ein Spinner. Seine bloße Existenz ist ein großer Trost. Seine so warme, so weiche Stimme hat etwas ungemein Beruhigendes. Ja, ich kenne eine Frau, die oft unglücklich und melancholisch ist, die dann rastlos im Zimmer auf und ab läuft und an allem zweifelt. An solchen Tagen, an solchen Abenden hört sie sich Herman-van-Veen-Platten an - und wird ruhiger dabei, kann dann schlafen. Als ich diese Frau liebte, da hasste ich Herman van Veen. Ich, der ich da und vor Ort war, mir Mühe gab, ihr ein Halt sein wollte, ich kam nicht zu ihr durch. Und Herman van Veen war gar nicht da, war nur auf Platte - aber er kam zu ihr durch. Und ich fand es scheiße, nicht Herman van Veen zu sein. Ich hätte sie im Arm halten, ihr mit diesem unnachahmlichen - wie ich damals fand - beschissenen, süßen holländischen Akzent etwas vorsingen und sie so trösten können. Aber ich war eben nicht Herman van Veen.

Doch dann verließ ich diese Frau, weil ich nicht Herman van Veen war, und es dauerte eine Zeit, dann konnte ich ihn wieder hören. Am liebsten mochte und mag ich jene Zeilen aus dem Lied "Weißt du wie es war", die wie für dunkle Abende am Stolper See geschrieben sind, wenn die Liebste und ich noch schnell zum Wasser sausen, um den Staub und den Schweiß des Tages abzuspülen, nein quatsch, meinen Staub und meinen Schweiß, die Liebste staubt und schwitzt nie, und wenn, dann den feinsten Staub und den süßesten Schweiß der Welt:

"Weißt du wie wir früher
abends schnell zum Baden gingen
schwarz war der See
und kein Mensch in der Näh
und kaum angekommen
sind wir weit hinausgeschwommen
wollten vor Glück
nicht ans Ufer zurück."

Und wir schwimmen, schubsen uns von der Badeinsel, umarmen uns unter Wasser, gluckern uns unter und wollen vor Glück nicht ans Ufer zurück.

Wann immer Herman van Veen in Kiel auftritt, versuche ich, ihn leibhaftig zu erleben. Im letzten Jahr dann schnappte ich mir ein Buch von mir, mein Erstlingswerk, schrieb eine Widmung für Herman hinein, und dann stand ich nach der Vorstellung mit vielen, vielen anderen Bewunderern in einer langen Schlange vor der Künstlergarderobe. Schritt um Schritt wälzte die Schlange sich vor, und ich war etwas aufgeregt. Was wird er sagen, wenn ich ihm das Buch gebe, so fragte ich mich. Wird er auch nach dem langen Auftritt noch schlagfertig und poetisch sein und nicht ausgelutscht und schlapp? Wird er mich ansingen, mit seinem holländischen Akzent, etwa so:

"Hey, dicker Fratz,
mit dem dünnen Buch,
du stotterst und stammelst so sehr,
hey, dicker Fratz,
mit dem dünnen Buch,
sag mir, was ist dein Begehr?"

Dann war ich dran. Er sah alt aus, älter als ich dachte, und müde, aber seine unglaublich blauen Augen strahlten. Er blickte mir direkt ins Gesicht. Ich sagte: "Ich hab was für dich. Ich habe auch ein Buch geschrieben." Er nahm es und guckte auf den Titel, auf dem ein verfremdetes Foto mich und zwei meiner Kinder zeigt. "Du bist ein Vater, sehe ich."

"Ja, ich bin ein Vater. Wir haben fünf Kinder. Schon allein deshalb muss ich noch ein Buch schreiben, denn drei meiner Kinder sind jetzt sauer, dass sie nicht auf dem Titel sind."

"Fünf Kinder, sagst du? Junge, Junge! Und was machst du noch so? Hast du noch ein Hobby?" fragte er, und seine Augen blitzten mit einem kumpelhaften Lächeln. "Ich bin ein Bauer!" sagte ich, unabsichtlich laut, denn ein Bauer, der sagt, dass er ein Bauer ist, wird oft unabsichtlich laut. Und er rief, absichtlich laut: "Ich bin auch ein Bauer!" Er machte eine lange, absichtlich laute Pause, dann sagte er: "Ich habe Galloways. Ich habe einen Bullen, der hat", und er machte noch eine Pause und breitete in der Art und Weise, wie Angler die Größe jenes Hechts zeigen, den sie beinahe einmal gefangen hätten, "solche Eier!"

Wie ich also feststellen konnte, kann man sich mit Herman van Veen richtig gut unterhalten, so von Mann zu Mann. Von Bauer zu Bauer. Ein toller Typ.

Opa zur Sonne

Es kam der Tag, da wurde Opa tüdelig. Natürlich war es ein schleichender, langsamer, langer Prozess gewesen; erst hat er dies vergessen, dann das, aber das waren so kleine Schrulligkeiten des Alters, nichts Schlimmes also. Und dann, plötzlich, stand er nachts auf und war gerade in einer anderen Welt. Er rüttelte Oma wach, fragte sie: "Wat tum Düwel mookst du ohle Kreih hier in mien Bett? Ik kenn di nich! Ruut mit di!" Und er zerrte sie zur Haustür, schubste sie raus und schloss ab, laut wilde Flüche und Verwünschungen rufend. Also stand Oma im Nachthemd draußen im Nebel - es war November - und fror. Sie klopfte ans Schlafzimmerfenster - Opa hatte sich inzwischen wieder hingelegt und war sofort wieder eingeschlafen - und sie flehte ihn an, ihr aufzumachen; sie weinte; sie wimmerte. Und nach einer Stunde erwachte Opa wegen dieses Lärms, erschrak, lief zur Tür und machte Oma auf. "Anna, mien Schatz, wat mokst du denn vör de Dör, meden in de Nacht? Komm schnell to Bett!" Und er wärmte sie unter der Decke, während sie sich leise in den Schlaf weinte und wusste, es würde niemals wieder so sein wie früher.

Ich war siebzehn Jahre alt. Ich liebte meine Großeltern, dieses stille, zufriedene, bescheidene Paar. Sie lebten in ihrer Kate; sie waren immer da, Oma mit ihrer winzigen Stubsnase im runden Gesicht, mit dem unfassbar langen Haar in einem ewigen Dutt, in ihrem blauen Kittel mit den grünen, kleinen Blumen drauf. Opa mit der dicken Hornbrille auf der Nase, mit den großen, weichen Händen und seinen

Puschen aus braunem Cord. Sie saßen immer in der Küche; Opa schälte Kartoffeln, Oma hackte Petersilie, und sie tranken dünnen Kaffee dazu. Von Zeit zu Zeit stand Oma auf und wackelte zu dem Stuhl neben der Steckdose, auf welchem so eine Art mobiler Backofen stand - eine geschlossene Backform, aus der ein mit Stoff umspanntes, verschwurbeltes Kabel kam. In dieser Form buk Oma ihren Spezialkuchen - sie nannte ihn Puffer - den hatte sie immer auf Vorrat da. Bei Oma gab es zum Frühstück Weißbrot - sie sagte: "Feinbrot" - mit Butter und Honig, denn Opa war Imker, und obendrauf wurde ein Stück Puffer geklebt. Dazu gab es Zuckerei mit plörrigem Kaffee, und fertig war das beste Frühstück der Welt. Da konnte keine Nuß-Nougat-Creme gegen anstinken, und sei ihr Name auch noch so bescheuert.

So saßen Oma und Opa auch an diesem Morgen. Ich hatte Ferien, ich hatte Zeit. Ich sollte auf Opa aufpassen. Das kam mir absurd vor; ich konnte mich noch viel zu gut an die Zeit erinnern, als meine Großeltern immer auf mich aufpassen mussten, wenn meine Eltern mal was vorhatten, ausgehen wollten. Dann kam ich zu Oma und Opa, guckte wieder mal Schwarz-Weiß-Fernsehen, spielte Karten, schlief auf der Ritze, aß Honigfeinbrot mit Puffer.

Doch seit dem nächtlichen Omarauswurf wurde Opa nicht mehr allein gelassen. Die meisten Nächte schlief mein Vater sogar bei meinem Großeltern, um da zu sein, wenn Opa wieder in anderen Welten verschwand. Eine Zeitlang - als Opas Körper noch viel stärker war als sein Geist - blieb das Ehebett meiner Eltern auf einer Seite verwaist. Seinen Vater manchmal und dann immer öfter wie einen Schwachsinnigen behandeln zu müssen, nagte schmerzhaft an meines Vaters Seele; die schlaflosen Nächte machten ihn müde, traurig und bitter. Er war am Ende seiner Kraft, und ich konnte ihm nicht helfen; ich wusste nicht, wie. Und es kam nun öfter vor, dass Opa nachts aufstand, jemand anders war, Wutanfälle kriegte und herumtobte wie Rumpelstilz.

An jenem Tag, als ich zum ersten Mal auf Opa aufpassen sollte, mußte Oma wegen ihrer offenen Beine zum Arzt. Vater musste sie fahren; Mutter hatte etwas anderes vor, also war ich dran. Das war ein seltsames Gefühl. Ich hatte Opas Ausfälle noch nie selbst erlebt; wenn ich da war, war immer alles wie immer gewesen. So auch jetzt wieder. Ich machte mir ein Brot, ich trank Kaffee; ich überflog die Zeitung und sprach mit Oma und Opa. Dann kam mein Vater und holte Oma ab, und Opa und ich waren allein.

Wir sprachen Platt. Das war die einzige offensichtliche Veränderung an Opa. Seit er - wie der Doktor sagte - altersdement war, lehnte er es ab, irgend etwas anderes als Plattdeutsch zu sprechen. Und er verstand auch kein Hochdeutsch mehr. Seine Ohren hatten sich verändert; seine Trommelfelle waren zu semipermeablen Membranen geworden; das war ein Fachbegriff, den ich gerade in Bio gelernt hatte. Er hatte ein selektives Gehör entwickelt. Hochdeutsche Worte wurden von ihm zurückgeschleudert, plattdeutsche durchgelassen. Für Hochdeutsch war er plötzlich stocktaub; Platt konnte er noch ganz gut verstehen. Also musste ich ran; sollten meine Worte ihn erreichen, musste ich es auf Platt versuchen. So also habe ich Platt gelernt.

Friedlich saß Opa auf seinem Stuhl. Mit Kartoffelschälen war er fertig, trocknete sich die Hände ab, dann legte er sie auf den Tisch. Ich ergriff sie, sie waren weich, kühl und noch ein wenig feucht. Opa blickte mich an mit dem einen Auge, das noch gucken konnte. Er drückte meine Hände und guckte so unglaublich traurig, dass ich fast zu heulen anfing. "Hoffentlich", so sagte er langsam, "hoffentlich duert dat mit mi nich gar to lang." Und er schwieg. Ich schenkte ihm noch einen Kaffee ein und schlug ihm vor, wie könnten ein wenig vor die Tür gehen, nach den Starken auf der Hauskoppel sehen. Was sollte schon geschehen? Opa war doch voll normal, alles in Butter. Traurig zwar, aber bei Sinnen. Weit entfernt von seiner wirklich tüdeligen Schwester Meta, welche seit Jahren zuhause im Sessel am Fenster saß und mit einem irren Grinsen im Gesicht Zeitungen in kleine Schnipsel zerriß, dabei zufrieden vor sich hingrunzend. Opa zog seine Cordpuschen aus und seine kurzen Gummstiefel an; ich nahm seine große Hand und wir gingen hinaus. Er kniff die Augen zusammen und blinzelte im Licht, aber er atmete tief durch. Wir standen am Zaun; die Starken guckten kurz auf, ließen sich aber nicht stören und grasten weiter.

Minutenlang verharrten wir dort und schwiegen. Opa grinste mit seinem einen, seinem einzigen braunen Zahnstummel vorne im Mund. Er lächelte den Starken zu; ich fühlte, es ging ihm gut. Es war definitiv eine gute Idee, an die frische Luft zu gehen, so dachte ich, da nahm Opa urplötzlich den Elektrodraht in die Hand. Ich hörte das rhythmische Knallen der Litze an seiner Haut, aber es schien ihm nichts auszumachen. Er drückte den Draht hinunter, stieg drüber, als ob das nichts wäre für einen zweiundachtzigjährigen Altbauern. Und er marschierte los. "Opa, was willst du? Wo willst du hin?" rief ich. Er guckte mich kurz an, blickte dann durch mich hindurch. "Wist du wat von mi? Kanns nich vernünftig schnacken? Kümmst ut de Stadt, wa?" Oh, er redet mit mir, so dachte ich, ganz weg kann er nicht sein. "Ik bin dat, Opa,

Matthias, dien Enkel. Wat is los, wo wist du hen?"

"De ole Hex hett seggt, wi mütt na de Sünn hing- ohn, solang, bit wi dor sind."

"Opa, dat is doch Quatsch. Kumm mit na Huus, wi drinkt noch een Koffie!"

"Go mit aff mit dien dünn Koffie! Den heff ick all veel to lang drunken! Ick mutt jetz na de Sünn hin!" Und er stapfte weiter, in einer irren Geschwindigkeit. Die Starken stoben auseinander. Scheiße, sagte ich zu mir selbst, es war definitiv eine schlechte Idee raus- zugehen. Und ich lief hinterdrein, versuchte, Opa auf- zuhalten. Ich bat ihn, ich flehte ihn an, ich redete auf ihn ein, aber er murmelte nur immer: "Ick mutt na de Hex hin, hin na de Sünn, hin na de Sünn!" Schließlich packte ich ihn an der Jacke und hielt fest. Er zog sie einfach aus und ging weiter. Mir blieb nichts anderes übrig; ich musste mit. Also ging ich neben ihm her. Die Sonne brannte uns auf den Nacken. "Opa, de Sünn is in unsen Rüch, wi mööt ümkehrn. Wenn wir na de Sünn hin wüllt, mööt wi in de andre Richtung!"

"Nee, dat is de verkehrte Sünn! Wi mööt na de anner Sünn hin!" Und er lief weiter. Der nächste Elektrodraht. Er packte an; es knallte; es beein- druckte ihn nicht. Ich kroch drunterher und blieb bei ihm, wollte aufpassen, dass nichts passiert. Wir waren schon in der Nähe der Straße. Und keiner der Nachbarn zu sehen! Ausgerechnet jetzt, da ich Hilfe brauchte, lugte nirgends einer über den Zaun. Ich war allein, mutterseelenallein, mit meinem Opa, dem wildgewordenen, plattdeutschen Sonnenanbeter. Rat- und hilflos trottete ich hinter ihm her. Ich kam kaum mit; solch ein Tempo legte er vor.

Inzwischen latschten wir durch das Weizenfeld des großen Schweinebauern, natürlich nicht in der Pflegespur, nein, mitten hindurch. Nur noch ein paar

Meter Acker und der Knick trennten uns von der Bundesstraße. Sie lag genau in Opas Weg, weg von der Sonne, hin zur anderen Sonne. Was sollte ich tun? Ich überlegte fieberhaft. Sollte ich ihn niederschlagen? Mich an ihm festklammern? Ihn in den Schwitzkasten nehmen? Aber ich konnte doch Opa nicht weh tun! Und bevor ich irgend etwas entscheiden konnte, stand Opa schon am Rand der Bundesstraße, auf dem Radweg. "Opa!" rief ich verzweifelt, "lat uns hier lang den Radweg lopen, dor kann man better lopen!"

"Nee, ick mutt röber!" sagte er und trat auf die B 404. Zum Glück kam gerade kein Auto. Ich lief auf die Straße, stellte mich mitten drauf, winkte wild in beide Richtungen. Die ankommenden Autos bremsten ab, Gott sei Dank, und Opa ging ungerührt quer über die Fahrbahn, ab in den nächsten Acker. Wintergerste. Wieder mitten durch.

Schließlich waren wir auf einer Grünlandkoppel angekommen, die gerade abgeerntet worden war. Wir waren von der Bundesstraße aus gut zu sehen. Ich hoffte auf Rettung. Langsam mussten Vater und Oma doch vom Arzt zurückkommen!

Und so war es. Kurz bevor Opa und ich wiederum in einem Waldstück verschwanden, fuhr der Alte - noch nie zuvor hatte ich mich so dermaßen gefreut ihn zu sehen - mit unserem gelben Käfer auf die Koppel. Mit Vollgas kam er angebraust, schnitt uns den Weg ab, ging in die Eisen. Er kam raus; den Motor ließ er laufen. "Wat is hier los?", fragte er. "De ole Hex hett seggt, ick mutt na de Sünn hin! Und dar will ick hin!"

"Kumm, Vadder, wi nemmt gau dat Auto, denn sünd wi schneller dar!" sagte mein Vater, und widerspruchslos ging Opa , setzte sich ins Auto, in dem Oma schon auf dem Rücksitz saß; ihre Augen schwammen in tiefen Tränen. So einfach war das. Mein Vater hatte Erfahrung; er wusste einfach, wie Opa rumzukriegen war. Oma rückte zur Seite; ich durfte auch mit rein, und Vater fuhr los, ab, zu Oma und Opa. Als wir dort ankamen, sagte Opa: "Kiek mal an, hier bi die Sünn sücht dat genauso ut as bi uns tohus! Nu lat uns man een Tass Koffie drinken und een Stück Puffer eten!" Sprach's, stieg aus und alles war wie immer, fast ganz normal. Das war gerade noch mal gut gegangen.

In der Küche setzten wir uns, aßen Honigfeinbrot mit Puffer, tranken Omas dünnen Kaffee, und ich musste meine Abenteuergeschichte erzählen. Gespannt hörte Opa zu und schämte sich halb, halb amüsierte er sich prächtig, wenn er gerade nicht daran dachte, dass er es war, über den ich sprach.

Ich musste nie wieder auf Opa aufpassen. Bald war er zu schwach für solcherlei lustige Spaziergänge. Zwei Jahre lang lebte er danach noch. Zuletzt hatte man das Ehebett meiner Großeltern auseinandergeschoben, um Opa besser pflegen zu können. Bei meinem vorletzten Besuch an seinem Bett begriff ich das ganze Grauen des Alters. Zum ersten Mal in meinem Leben sah ich seinen Penis. Es erstaunte mich nicht, dass er einen hatte; schließlich war ich einigermaßen aufgeklärt, aber eine Träne lief mir über die Wange und ich dachte: So also ist das Alter, so also ist der Tod. Ein viel zu kleiner, verschrumpelter Penis, der verloren aus einer viel zu weiten Unterhose guckt und sich nicht mehr zurechtfindet in der Welt.

Als ich zum letzten Mal zu Opa kam, erkannte er mich nicht. "Ick bin dat, Opa, dien Enkel Matthias. De mit de langen Hoor!"

"De hebbt doch alle lange Hoor!" sagte er, und dann hielt ich seine große, kühle Hand, nicht wissend, ob ich sie jemals wieder halten würde. Ich wollte sie nimals mehr loslassen.

Wenige Wochen später war Opa tot. Ich erinnere mich noch, wie ich an seinem offenen Sarg stand und ihn nicht erkannte. Man hatte ihm einen Seitenscheitel gekämmt, wie er ihn sein ganzes Leben lang nie getragen hatte. Immer war sein Haar nach hinten gekämmt gewesen. Opas Leiche war mir fremd; deshalb habe ich vergessen, wie sie genau aussah damals, in der trostlosen Kühlhalle am Friedhof des Nachbardorfes. Aber Opa selbst werde ich niemals vergessen, genauso wenig wie Oma und wie Honigfeinbrot mit Puffer und Zuckerei. Manchmal vermisse ich das alles mehr, als ich mit Worten ausdrücken kann.

Das Verschwinden der Dunkelheit (und der Glaser)

Die Stille ist schon lange fort. Noch vor fünf-zehn Jahren gab es sie, selbst bei uns, direkt an der Autobahn. Da gab es Sommerabende, da fuhr fast kein Auto, die waren dunkel und still. Mein Freund Pit aus dem Ruhrgebiet saß damals neben mir auf meiner Fensterbank, ließ die Beine nach draußen baumeln und kriegte den Mund vor lauter Staunen nicht mehr zu. Angestrengt blickte und lauschte er in die finstere Nacht und sagte, wieder und wieder: "Boah! Ich seh nichts! Ich hör nichts! Boah!"

Und jetzt? Nun, der Verkehr ist mehr gewor-den, und abends schwenken die Strahler der Großraumdiscothek über den keineswegs dunklen Nachthimmel. Ständig brummt und saust und zirpt es irgendwo, und nur im Sommer sind es Fliegen, Wespen, Mücken und Grillen.

Eine meiner liebsten Erinnnerungen - es war in der Vorweihnachtszeit, in einer stillen, dunklen Nacht. Es war nach Mitternacht; denn die Straßenlaternen waren erloschen. Es schneite irgendwie meditativ von oben herab, und ich ging, mitten in der Dunkelheit, mitten in der Stille, langsam die Dorfstraße entlang. Nur der Schnee knirschte unter meinen Füßen, und dann und wann sorgten ein paar Lichter auf den Krüppelkiefern in den Vorgärten für ein wenig hellere Dunkelheit. Alles war so friedlich; ich hörte meinen Atem und liebte mein Dorf. Dann kam ich bei meiner Sandkastenfreundin Ingken vorbei; in ihrem Zimmer im ersten Stock brannte noch Licht. Ich kletterte über den Gartenzaun, machte mir im Dunkeln einen kleinen Schneeball und warf ihn gegen ihr Fenster. Sie lächelte durch die Scheibe, dann ließ sie mich leise rein; wir tranken noch einen Tee zum Aufwärmen, schnackten und lachten über dieses und jenes.

Mir war so wohl mit ihr; ein kleines bisschen war ich immer in sie verliebt. Einmal, wir waren 15, hatte ich mir vorgenommen, sie zu fragen, ob sie mit mir "zusammen sein wolle". Wir sagten nicht: miteinander gehen, das war irgendwie schon out. Ich hatte sie von einer Fete nach Hause gebracht; denn wenn es eine Feier in der Clique gab, dann wollten Ingkens Eltern immer, dass sie mit mir gemeinsam fahren sollte. Sie durfte dann länger bleiben; sie vertrauten mir; schließlich war ich der Sohn des Bürgermeisters, sagte immer ordentlich "Guten Tag!" und na ja, sie mochten mich einfach. Ingkens Vater rief mir noch hinterher: "Schwiegersohn! Bring meine Tochter heil nach Hause!" Dabei war zwischen Ingken und mir nie, nie, nie etwas gelaufen. Ich bedauerte das zutiefst, weshalb ich an jenem späten Abend in der Stolper Dorfstraße all meinen Mut zusammennahm und leise sagte: "Ingki!"

"Ja, Maddi, was is?"

"Ich...ich...ääh...wollte dich noch was fragen."

"Was denn?"

"Das kannst du dir doch denken, oder?"

"Nee, wieso, was denn?" Ich scharrte mit den Füßen im Sand herum, wie ein Hahn , eine wunderschöne Übersprungshandlung wie aus dem Biolehrbuch. "Na ja, du kannst dir doch denken, ich mein, wir stehen hier, alleine, mitten in der Nacht, und ich will dich was fragen, na was kann das wohl sein?"

" Ich habe wirklich keine Ahnung, keinen blassen Schimmer."

"Na dann vergiss es einfach. Gute Nacht!" Und ich

schwang mich auf mein Rad und fuhr die Dorfstraße hinauf, und heiß liefen mir Tränen über die pickligen Wangen.

Seit jenem Abend war es selbst mir, der ich etwas begriffsstutzig war, sonnenklar, dass Ingken nichts ferner lag, als mich als einen Liebhaber in Betracht zu ziehen. Es stand einfach nicht zur Diskussion. Ingken war meine erste rein platonische Freundin. Teufel noch eins, sie sollte nicht die letzte sein… aber wenigstens war sie immer für mich da; wir verstanden uns gut; wir vertrauten einander. Sie blieb abends lange wach; sie hörte die Schneebälle, oder, wenn kein Schnee lag, die Kieselsteine aus dem Vorgarten an ihrem Fenster; sie machte mir auf und ließ mich ein, wie an jenem Abend in der Vorweihnachtszeit, als ich mein Dorf so sehr liebte. Mitten in der Nacht trat ich wieder auf die Straße hinaus, warm im Bauch vom Tee und von dieser Freundschaft, drückte Ingken einen Gutenachtkuss auf die Wange und ging extra noch einmal durchs Dorf, des Friedens und der Stille wegen.

Unmöglich, heute. Was ich beschreibe, sind Erinnerungen an eine Welt, die es längst nicht mehr gibt. Keine Jungs schleichen mehr durch die Vorgärten der Einfamilienhäuser, um Kiesel an die Scheiben zu schmeißen. Heute stehen sie mit dem Handy in der Hand und schicken Liebesbotschaften mit dem dikken Daumen. Deswegen gehen auf den Dörfern auch überall die Glaser pleite. Keine Jungs, die Steine schmeißen, keine Steine, die zu groß sind, keine Scheiben, die kaputtgehen. So sitzen die Glaser und weinen, ebenso wie ich.

Früher gingen um Mitternacht die Straßenlampen aus, und wenn es einem vorher zu hell war, dann trat man gegen die Laterne, und zack! war sie duster.

Heute dagegen kann sich die Gemeindeverwaltung vor allem in der Adventszeit, aber auch sonst die normale Straßenbeleuchtung sparen. Jetzt, vor Weihnachten, einmal die Dorfstraße entlang, und man bekommt den totalen technischen Overkill der Festtagsbeleuchtung präsentiert. Sogar der Spiegel berichtet darüber. Keiner macht es mehr unter 20.000 Lampen. Den Rekord hält der Typ, an dessen Fassade die Heiligen Drei Könige dem Stern zum Stall folgen, und weil es gerade so schön bunt ist, fährt der Weihnachtsmann mitsamt Schlitten und allen neunzehn Rentieren mitten durch die Szenerie. In der Vorweihnachtszeit werden deshalb regelmäßig alle längst stillgelegten AKWs wieder hochgefahren, weil der Strombedarf so sehr steigt. Manche Lichterlumpen spalten gar ihr eigenes Atom im Garten hinterm Haus, weil die Leistung des Netzes nicht langt. Das ist der fahle Schein, der so unwirklich aus den Hinterhöfen schimmert. Und deswegen haben so viele Leute um Weihnachten rum so ein irres Strahlen im Gesicht, trotz ständigen Nebels, Pisswetters und fehlenden Tageslichts.

Und auch wenn nicht gerade Advent ist, ist die Dunkelheit futsch. Das liegt an der Erfindung des Bewegungsmelders. Es ist mitten in der Nacht, und dunkel und leise liegt die Dorfstraße vor einem. Aber wehe, du kommst am ersten Haus vorbei und bewegst dich dabei noch! Klack! sagt es, Licht an. Und so geht es überall, Klack! Licht an, und wenn du beim fünfzehnten Haus angekommen bist, geht beim ersten das Licht wieder aus und mindestens drei Dorfbewohner öffnen im Schlafanzug, mit Schrotflinte, die Tür und brüllen: "Na, Iwan, ich dachte schon, du kommst nicht mehr! Wo steckst du?"

Nein, die Bewegungsmelder sind die größte Pest. Sie haben uns den letzten Rest des dörflichen Dunkels geklaut. Zu allem Überfluss habe ich jetzt auch welche liegen. Die Liebste hat sie vom einem dieser ekligen Discounter mitgebracht. "Damit wir nicht immer in den Matsch treten, wenn es dunkel ist.", sagte sie und lächelte so lieb, dass ich fast versprochen hätte, sie anzubauen. Aber ich werde es nicht tun. Irgendwie müssen die Dinger verschwinden. Ich muss mir eine gute Ausrede überlegen, wenn ich mit dem Trecker drübergefahren bin.

Aufzählung

eine Forke
die gut in der Hand liegt
und fast von allein arbeitet

ein Freund
dem ich und der mir
helfen kann
in jedweder Hinsicht

ein Morgen
der so frisch ist
dass er einen mitreißt
auch wenn die Lider schwer sind

ein Regen
der die Luft abkühlt
wenn es so heiß war
dass einem der Schweiß ronn
beim Nichtstun

ein Milchkunde
der Lust und Zeit
zum Quatschen hat
zwischen Tür und Angel

ein Viehhändler
der fair und ehrlich ist
einen nicht übers Ohr haut

ein Kind
das Fragen stellt
die Welt begreifen will und
außerdem nicht auf die Nerven geht

ein Arbeitstag beim Nachbarn
wenn ich für ihn da sein kann
und weiß, er wird
für mich das Gleiche tun
Gras mähen
Silo fahren
was auch immer

ein Altbauer
der nach dem Drillen
am Feldrand steht
den Hut abnimmt
und ein Gebet murmelt

eine Zärtlichkeit
einfach so
mitten am Tag
dass man in die Betten hüpfen möchte

ein Leben halt
eins von sechs Milliarden
aber das einzige
das mir gehört

wie reich ich bin
mögen andere auch reicher sein

mir reicht`s

Mittagsstunde

Es war September. Und es war so viel zu tun. Seit Wochen war ich nicht mehr aus dem Laufschritt herausgekommen. Immerzu hatte ich es eilig; denn an die Ernte hatte sich nahtlos die Stoppelbearbeitung angeschlossen, an diese der dritte Grünlandschnitt und an diesen wiederum das Pflügen und das Bestellen des Wintergetreides. Das Wetter war perfekt gewesen; jetzt brauchten wir langsam wieder Regen, damit die Saat auch aufging. Und endlich, endlich war auch Regen angesagt, für den späten Nachmittag. Ich wollte nur noch einmal den Acker durchreißen, auf dem die Quecken und die Disteln sich so breit gemacht hatten und den ich schwarz halten wollte bis ins nächste Frühjahr.

Also baute ich die Kuluregge an den Trecker. Der Himmel war schon tiefgrau. Ich musste mich beeilen, wenn ich noch fertig werden wollte. Sechs Hektar - bei 15 Stundenkilometern brauchte ich zwei Stunden. Als ich losfuhr, war ein bisschen Niesel auf der Treckerscheibe. Aber es hörte wieder auf. Fast war es dunkel, so grau verhangen war dieser frühe Nachmittag. Scheinbar aber wollte der Regen auf mich warten. Ich gab Hackengas, obwohl ich todmüde war und eine Mittagsstunde gut gebrauchen konnte. Im Deutschlandfunk lief "Wirtschaft am Mittag". Wen zum Teufel interessierte denn diese Börsenscheiße? Immer wieder fielen mir die Augen zu. Es war so warm und gemütlich in der Kabine, und die einschläfernde Stimme rappelte einschläfernde Börsennotierungen herunter. Jedes Mal, wenn mir der Kopf auf die Brust fallen wollte, erwachte ich wieder und kriegte kurz vor Ende des Ackers noch die Kurve. Erst bei "Corso - Kultur nach drei" konnte ich wieder zuhören. Allmählich hatte ich den toten Punkt oder besser die tote Strecke überwunden.

Ich schaffte es, die Arbeit zu beenden. Als ich fertig war und die Kulturegge gerade eingeklappt hatte, trafen mich die ersten fetten Regentropfen. Dann brach es los. Blitzschnell rettete ich mich in die Kabine; da trommelte der Regen schon wilde Wirbel auf das Dach. Und ich saß trocken und hatte plötzlich alle Zeit der Welt.

Was für ein guter Tag. Ich hatte mein Pensum erfüllt. Entspannt lümmelte ich mich in den Schleppersitz und legte die Füße aufs Lenkrad. Eine Weile noch schaute und hörte ich dem Regen beim Regnen zu. Dann schloss ich die Augen und schlief ein.

Ich erwachte erst zwei Stunden später. Der Regen hatte aufgehört. Über dem Acker lag ein feiner Dunst. Die Luft roch so frisch und würzig wie schon lange nicht mehr. Die Quecken und die Disteln wuchsen schon wieder; mein Nacken schmerzte, aber ich fühlte mich gut. Endlich fuhr ich wieder heim. Es war so schön dort. Ich freute mich richtig drauf. Auf die Kühe. Auf die Kinder. Auf die Liebste.

Hoffentlich erkannte ich sie noch. Hoffentlich erkannte sie mich noch. Hoffentlich war sie noch da.

Der Eisenbauer

Es ist wieder soweit. Die Saison der freilaufenden Rinder hat begonnen. Und wenn irgendwo Tiere laufen, bin ich normalerweise nicht weit. Das dachte sich auch ein Bauer aus einem Dorf bei Kiel. "Ja, moin, mein Name ist Bert Riecken aus Großbarkau" sagte er zu mir am Telefon. "Du kennst mich bestimmt nicht. Ich bin auch Bauer, und ich hab Dein Buch gelesen. Und jetzt guck ich hier aus dem Küchenfenster: Da läuft auf meiner Koppel ein rotbuntes Kalb, so ganz allein. Da ist es ja nahe liegend, dich anzurufen. Ist das vielleicht deins?" Ich musste lachen. Nicht jedes Tier, das irgendwo frei läuft, gehört mir. Aber vielleicht wäre es gut, hier bei mir ein Tierasyl aufzumachen, für entlaufene, vermisste, verscheuchte Tiere. Irgendwann meldet sich ja doch jeder bei mir! In der Zeitung des nächsten Tages war dann ein Foto von einem Bauern, der verzweifelt sein Kalb suchte. Ganz rotverheulte Augen hatte er. War scheinbar nichts gewöhnt, der Gute. Noch nicht abgehärtet. Hoffentlich hat er es inzwischen wieder, damit er wieder schlafen kann.

Tage später hatte ich aber wieder einen Auftritt. Ich wollte ein trächtiges Jungrind aus den Stallungen meiner Dépendance heim holen, war mit dem Pferdehänger losgefahren. Das Aas wollte nicht auf den Hänger, bohrte seine Beine in den Kies und schaltete auf stur. Ich nahm einen neuen Anlauf, trat auf die nicht ganz saubere Klappe, rutschte auf Kuhscheiße aus und ließ im ersten Schreck den Strick los. Ich lag im Dreck, das Tier war weg, rannte auf den Koppeln rum, ließ uns nicht mehr in seine Nähe kommen. Nach dem Winter im dämmrigen Stall genoss es die Sonne. Es blinzelte im Licht, lief herum, hatte offensichtlich Lust, mit uns Schnitzeljagd zu spielen. Wir ließen es sein; wir wussten, wir können nur verlieren.

Um das Tier zu beruhigen, holten wir unseren zahmen Bullen raus. Auch er blinzelte im Sonnenlicht, aber er lief zu ihr; sie erkannte in ihm den Vater des Kalbes, welches sie hinter ihrem Herzen trug. Sie blieben beisammen, leckten sich den Staub des Winters aus dem Fell. Da standen sie auf der Weide, waren vorerst ruhig, und ich wollte etwas Gras über die Sache wachsen lassen, in einigen Tagen wiederkommen.

Zwei Tage danach ein Anruf von der Polizei. Meine Tiere waren unterwegs, schon kilometerweit weg vom Hof. Wie sich später herausstellen sollte, hatte sich die Starke mit dem losen Ende des Viehstricks, den sie noch um hatte, im Stacheldraht verfangen. Da war ihr Kopf fest; sie bekam Panik und riss in ihrem Schrecken den ganzen Zaun auf die Seite. Und dann rannte sie los, der Bulle hinterher. Zurück blieb nur das abgerissene Ende des Stricks, welches , sich meditativ im Winde wiegend, im Draht verfangen hatte.

Sie waren also losgerannt, Bulle und Starke, und nicht mehr stehen geblieben. Sie hatten sich aufgemacht, einträchtig auf der Bundesstraße laufend, in Richtung Fehmarn, um über die Fähre nach Dänemark schnellstmöglich das Land zu verlassen und im liberalen Skandinavien ein neues Leben zu beginnen, noch einmal ganz von vorn anzufangen. Ich hasste sie, ich hasste es, Bauer zu sein, ich hasste alle verdammten schwarzweißen Vierbeiner. Aber es nützte nichts. Ich musste hinterher.

Als ich dort ankam, am anderen Ende des Kreises, hatten die Rindviecher offenbar die Orientierung verloren. Auf halbem Wege zwischen Lütjenburg und Oldenburg waren sie plötzlich umgekehrt und wieder zurück gelaufen. In einem Ort mit dem wunderbaren Namen Brunöl hatten sie sich dann getrennt. Sie waren an eine Kreuzung gekommen, und sie konnten sich nicht über den richtigen Weg einigen. Ich konnte es mir richtig vorstellen, wie sie dort gestanden hatten, mitten auf der Straße, sie über die Straßenkarte gebeugt, rufend: "Hermann, eindeutig, wir müssen hier nach rechts, zum Meer runter." Und er: "Quatsch, ich weiß genau, wir müssen nach links. Hier sind wir auch entlanggekommen, als wir bei Tante Gertrud zur Enthornungsfeier waren, damals, als es dort so leckere Blutwurst gab! Wir müssen nach links!"

"Aber auf der Karte ist es eindeutig: Rechts! Aber Herr Oberschlau weiß es mal wieder besser!"

"Und Madame ist heute wieder besonders klug und muss wie immer das letzte Wort haben. Bitte. Wie du willst! Geh doch nach rechts. Du wirst schon sehen, was du davon hast. Aber ohne mich!"

So ging es also hin und her, ein Wort gab das andere. Und während sich vor und hinter ihnen ein Stau zu bilden begann, hielt sie ihm vor, im letzten Herbst darauf hereingefallen zu sein, als sie mit lecker Heu in den Stall gelockt wurden, mit dem Ergebnis, dass sie alle den ganzen Winter angebunden im Stall stehen mussten. Und er rechtfertigte sich damit, von allen Starken angestachelt worden zu sein: "Geh schon vor, starker, schöner Hermann. Wir wollen zum Heu. Es riecht so gut. Sei kein Feigling! Sei unser starker Held!" Und sie rief: "Typisch Mann! Kaum sagt einer Feigling, da stürzt er sich in den Kampf. Männer sind doch alle gleich! Und so einfach gestrickt! Du magst ja stark sein, aber du bist ein starker Depp!" Und fertig war der schönste Ehekrach, mit dem Ergebnis, dass er nach links lief, sie nach rechts, nicht ohne sich über die Straße hinweg noch Demütigungen zuzurufen: "Ich hab`s dir noch nie gesagt, aber dein Euter wächst schief!" Und sie: "Und bei dir ist immer schon alles vorbei, bevor es anfängt, Schlappschwanz! Und, bevor ich es vergesse: Mein Anwalt meldet sich wegen der Unterhaltszahlungen! Fang schon mal an zu sparen!"

Wir fanden sie, die Starke, spät am Abend auf einer Koppel mit anderen weiblichen Jungtieren. Alle standen um sie herum; wahrscheinlich erzählte sie gerade die tränentreibende Geschichte von ihrem bescheuerten Ex-Mann; denn die anderen nickten eifrig mit den Köpfen und grunzten beifällig. Der Bauer stand am Zaun, war dem Kollaps nahe und stammelte nur noch: "IBR, IBR!" Aber ich zückte routiniert meine amtliche IBR - Freiheitsstatusbescheinigung; da war er fürs erste beruhigt.

Der ortsansässige Tierarzt versuchte dann mittels eines Blasrohres, die Starke zu betäuben, aber eine Dosis reichte nicht. Er schickte seinen Helfer zu seinem Lada, den er auf dem Bauernhof hatte stehen lassen. Der Hiwi sollte neues Betäubungsmittel holen, aber der kam nach einer Viertelstunde zurück und sagte: "Ich hab den Kofferraum nicht aufgekriegt." Es wurde ihm erklärt, und wieder eine Viertelstunde später kam er mit dem Betäubungsmittel, aber da war die Wirkung des ersten Mittels schon verpufft. Wir kriegten die Starke nicht mehr in den Schlaf und entschieden, am nächsten Morgen wiederzukommen und es erneut zu versuchen. Später bekam ich vom Tierarzt dann eine Rechnung über 125 Euro wegen eines "Sedationsversuches auf der Weide am Hof

Sohlhagen". Köstlich. Fehlte nur noch, dass auf der Rechnung auch noch "Öffnungsversuch eines Lada-Kofferraumes" vermerkt gewesen wäre. Au ja, bald stelle ich meiner Meierei auch "versuchtes Melken" in Rechnung, und meinem Getreidehändler "versuchtes Dreschen von 100 Dezitonnen Ökoweizen." Ich seh es schon, ich werde Geld scheffeln ohne Ende! Und, nebenbei gesagt: Kein Wunder, dass die Wirtschaft der Sowjetunion irgendwann kollabiert ist, wenn die ganzen Russen den lieben langen Tag immer vergeblich versuchten, die Kofferräume ihrer Ladas zu öffnen...

Aber zurück zu den entlaufenen Tieren. Wir also am nächsten Tag wieder hin. Anderer Tierarzt, andere Technik. Ein Schuss wie bei Daktari, schon lag die Starke platt, und wir holten sie heim. Der Bulle indes blieb verschwunden. Vier Tage lang, und ich überlegte schon, was so ein Vieh-Verkehrs-Verordnungs-Kontrolleur sagen würde, wenn er das Tier sehen will, und ich sag: "Es ist weg. Verschwunden. Perdu. Futschikato. Es ist untergetaucht. Vielleicht hat es sich irgendwo ins Kirchenasyl geflüchtet. Vielleicht hat es auch das Land verlassen. Ich weiß es nicht."

Aber dann tauchte der Bulle wieder auf. Er hatte ein halbes Rapsfeld leer gefressen, was ihm nicht gut bekommen war. Eiweißvergiftung, dicke Füße und alles. Ein Jäger hatte ihn entdeckt, wie er hinter dem Knick gelegen hatte. Zuerst hatte er ihn schießen wollen, was für ein kapitaler Hirsch, schwarzbunt zwar, aber egal. Dann hatte er es sich anders überlegt, dachte an den armen Bauern und dessen Sehnsucht nach seinem treuen Bullen. Und dann hatte er erst die Polizei und dann mich angerufen. Wir machten einen Treffpunkt aus; wir fuhren los , mit Hänger, Tierarzt, Sedativum und Gewehr. Und da lag er. Als er uns sah, wollte er fliehen, wieder lief er Richtung Dänemark; doch da traf ihn der Pfeil; er tanzte noch ein wenig, wurde müde, um schließlich in einer vollendeten Pirouette im Rapsfeld zu versinken. Strick um, und warten, bis er aufwacht. Hellwach sein. Kein Problem. Der kommt nicht mehr weg.

Später versuchte ich, den Besitzer des Rapsfeldes zu erreichen. Er stand nicht im Telefonbuch, aber irgendwie schaffte ich es, an seine Nummer zu kommen. Ich rief an. Scheinbar war ich bei dem schweigsamsten Bauern Schleswig-Holsteins gelandet, vielleicht eine Hybridzüchtung aus einem finnischen Holzfäller und dem allerwortkargsten holsteinischen Altbauern. Als ich mit ihm telefonierte, stellte ich mir vor, er sei der Einsiedler in dem Erdloch, dem Brian in jenem wunderbaren Film der Monty Pythons auf den Fuß gesprungen war. "Dreißig Jahre habe ich kein Wort gesprochen, und da kommt er und ruft mich an!!" Ich erklärte ihm, was passiert war. Die Antwort: ein bäuerliches Grunzen. "Grrhm."

"Ich möchte Sie bitten, mir die Höhe des Schadens, den mein Bulle gemacht hat, mitzuteilen, damit meine Versicherung den Schaden regulieren kann."

"Grrhm."

"Rufen Sie mich dann bitte an und sagen mir, was Sie gerne für den Raps haben wollen."

"Grrhm."

"Ja, gut, ich höre von Ihnen, in Ordnung?"

"Grrhm."

"Auf Wiederhören."

"Grrhm." Er meldete sich nicht. Wahrscheinlich hätte ich ihm sagen sollen, er solle mir schreiben. Von sich aus konnte er mir das nicht mitteilen; dafür reichte das Mitteilungsspektrum seines "Grrhm." nicht aus. Tut mir leid, ehrlich.

Na ja, jedenfalls waren die Tiere wieder da. Ein schönes Gefühl. Ich kam mir vor wie mein Freund Baude aus Amerika, der beim letzten Ironman-Triathlon auf Hawaii mitgemacht hatte. In einem Brief beschrieb er mir das tolle Gefühl, nach 3,8 km Schwimmen, sowie 180 km Radfahren und 42 km Laufen über die Ziellinie zu torkeln, und der Stadionsprecher ruft: "Jan Baudewig Poehlman, you are an Ironman!" So ein ähnliches Gefühl habe ich immer, wenn die Viecher wieder da sind, aber noch nie hörte ich nach 400 m Laufen, fünf mal über`n Graben springen, 35 m Modderhüpfen, 160 km Auto- und 80 km Treckerfahren sowie 25 m Schlickrutschen die Stimme des Stadionsprechers, wie er ruft: "Matthias Knut Stührwoldt, du bist ein Eisenbauer!" Aber was nicht ist, kann ja noch werden.

Es wurde, schneller, als ich erwartet hatte. Die Liebste las diese Zeilen und sagte: "Tias, du bist mein Eisenbauer!", und sie nahm mich in den Arm. Ach, wie ich sie liebe!

Sommer

nach getaner Arbeit
noch im Freien sitzen
während es langsam kühler wird
den Vögeln zuhören
und den Autos auf der Autobahn
gemeinsam singen sie ihr Abendlied

Besuch haben
von lieben Freunden
im Dämmerlicht des Sommerabends
sitzen wir
und essen und trinken
Grillwurst und Prosecco
und schnacken und lachen

überhaupt
die langen Tage
rund um Mittsommer
wenn es hell bleibt
bis in die Nacht
und die Müdigkeit sich
alleine schlafen legt

warmer Landregen
die ganze Welt entspannt sich und
wird wieder weich

der Duft des welkenden Grases
beim Heumachen
die Blätter der Bäume schimmernd
in den schönsten Schattierungen
das silberne Pappellaub
rauscht im Wind
fast wie das Meer
und ich singe ein Lied dazu

Mittagsstunde
in der Hängematte
unter blauem Himmel
im kühlen Schatten
liege ich viel zu selten

den letzten Hänger Silo holen
unter dunkel dräuenden Gewitterwolken
im roten Licht der untergehenden Sonne
noch schnell abladen
walzen
als die ersten Tropfen fallen
ist das Laken drauf
der Regen wäscht weiße Wege
in unsere schwarzverstaubten Gesichter
und fühlt sich gut an

grinsend stehen wir in der Stalltür
starren in den Wasserfall
machen uns ein Bier auf

und manchmal

abends schnell zum Baden gehen
ganz allein mit der Liebsten
wir schwimmen nackt
alles schwingt frei

da ist all der Scheiß
all die Arbeit
weit weg
all der Schweiß
all die Sorgen
weit weg
weit weit weg
fast vergessen

und es ist einfach nur
schön

Die Falle der Sozis

Schon immer habe ich den Wahlkampf gehasst. Das war schon mit 18 so, bei meiner ersten Wahlgelegenheit. Es ging um den Bundestag. Meine Flamme sagte, ich könne nur weiter mit ihr zusammen sein, wenn ich den CDU-Wahlkampf sabotiere. Also schlich ich mich nachts zum riesengroßen Kohl-Plakat und malte es über, sechs mal zwei Meter, zwölf Quadratmeter, mit einem dicken schwarzen Edding. Ich brauchte die halbe Nacht dafür und fror mir fast die Füße ab. Als ich es Anne am nächsten Tag zeigen wollte, war das Plakat nicht mehr da. Einfach weggeflogen. Es hatte nachts noch ziemlich gestürmt. Kohl gewann trotzdem, und Anne schickte mich in die Wüste.

Unvergessen auch die Wahlempfehlungen, die mein Vater mir gab. Nach dem Melken, beim Abendbrot, guckte er mir tief in die Augen und begann seine Informationsveranstaltung: "Die Grünen, die kann man nicht wählen. Die wohnen alle in...", er packte all seinen Ekel in das Wort: "Wohngemeinschaften!" Und die Sozis? "In Wahrheit alles Kommunisten. Die wollen uns das Land wegnehmen, uns enteignen!" FDP? "Ein Haufen kleinwüchsiger, humpelnder Adliger..." Nur eine Partei blieb bei meines Vaters Politikerschelte außen vor. Aber die wählte ich nicht.

Den Wahlkampf habe ich immer verabscheut. In trostlosen Fußgängerzonen herumzustehen und halbwahre, halbgare Flugblätter zu verteilen - das war so ziemlich das Letzte, was mir zum Thema "bevorzugte Freizeitbeschäftigung" einfallen würde. Lieber miste ich den ganzen Tag verdreckte Kälberställe aus.

Aber jetzt haben die Sozis mich reingelegt. Irgendwann klingelte das Telefon. Es meldete sich der Vorsitzende des SPD-Ortsvereins Lütjenhagen. Er wolle eine Veranstaltung machen zum Thema: "Slow Food statt Fast Food, Geschmack hat eine Lobby". Nicht schlecht, dachte ich. Alles, was slow ist, kommt meinem Temperament sehr entgegen. Der Vorsitzende sagte, sie könnten gut noch einen Programmpunkt zur Auflockerung gebrauchen, ob ich wohl bereit wäre, an jenem Abend ein paar meiner kurzen Geschichten aus dem Buch "Verliebt Trecker fahren" vorzulesen? Ich fragte: "Hat die Veranstaltung irgend etwas mit Wahlkampf zu tun?"

"Ach was, es gibt von einem Slow Food-Koch eine Einführung ins Thema und danach einen kleinen Imbiss. Moderiert wird der Abend von einem SPD-Landtagsmitglied, der auch gerne langsam isst." Nach einer kleinen Honorarverhandlung sagte ich zu.

Als ich in Lütjenhagen ankam, blickte ich zunächst auf ein riesiges rotes Wahlplakat. Überall liefen Sozis mit ihren bekloppten roten Kunstfaserschals rum. Ich ging zum Vorsitzenden: "Ich denk, das hier ist kein Wahlkampf?"

"Na ja, nicht direkt, aber ein bisschen schon..." Ich überlegte kurz. Ich hatte ein paar Bauern gesehen, die nur wegen mir gekommen waren. Die gehen sonst nicht zur SPD, wegen der Enteignung. "Ich bleibe nur, wenn ich jeden Soziwitz erzählen kann, der mir einfällt! Und das sind einige!" Er nickte: "Das können wir ab!"

Ich blieb. Der Landtagsabgeordnete, der übrigens sehr nett war, hielt eine nicht sonderlich aufregende Rede über die sozialdemokratische Agrarpolitik, gerade so, als hätten sich die Sozis jemals für

Landwirtschaft interessiert. Dann kam der Koch. Ein toller Typ, den hätte ich sogar gewählt. Das Essen war prima. Zum Schluss, als um des Klischees willen der toskanische Rotwein ausgeschenkt wurde, war ich dran. Schnell waren die Roten blau. Sie waren gut gelaunt; sie lachten über meine Texte, sogar über die Soziwitze. Als die ersten Buddeln Rotwein alle waren, wurden vor Begeisterung rote Schals auf die Bühne geworfen. Ganz ehrlich: Rote Unterwäsche wäre mir lieber gewesen.

Irgendwann wollte der Landtagsabgeordnete nach Hause. Er bedankte sich bei allen, den Gästen, den Sozis, dem Koch und bei mir. Als ich für einen Augenblick nicht aufpasste, knotete er mir einen roten Schal um den Hals. Das Ding war so sehr elektrisch aufgeladen, dass ich es nicht los wurde. Es klebte an mir wie Pech. Schnell machten sie ein Foto. So also bin ich zum SPD-Wahlkämpfer geworden.

Die SPD hat jene Wahl dann später verloren. An mir hat es nicht gelegen damals, obwohl ich nicht rot gewählt hatte. Trotzdem blieb mir ein komisches Gefühl im Herzen stecken. Ich hatte am Wahlkampf einer Partei mitgewirkt! Es ekelte mich ein wenig vor mir selbst. Heute weiß ich: Es gibt nur eine Rechtfertigung für diese Verfehlung. Ich stehe zum ersten Mal in einer Tradition großer Literaten. Lenz, Böll, Grass und ich weiß nicht wer noch - sie haben alle für die Sozis Wahlkampf gemacht. Mindestens zwei von ihnen haben später den Literatur-Nobelpreis bekommen. Und jetzt bin ich auch dabei in diesem Club der roten Dichter. Vielleicht werde ich ja auch bald endlich für den Nobelpreis vorgeschlagen...

Wilde Sau

Ich erinnere mich genau. Zum ersten Mal durfte ich mitmachen. Ich war gerade 16 geworden und hatte den 1b-Führerschein gemacht. Bestanden hatte ich nur, weil der Prüfer und der Fahrlehrer sich nach langer Zeit wieder getroffen hatten, just am Morgen meiner Prüfung. Sie hatten gemeinsam beim Bund die Fahrlehrer-Ausbildung gemacht. Sie waren alte Freunde. So saßen sie im Auto, tranken einen und beachteten mich nicht, wie ich mit dem Leichtkraftrad Fußgänger umnagelte und Autos die Vorfahrt nahm. Leicht lallend gab mir der Prüfer den ersehnten Lappen. "Junger Mann, perfekt! Höhö!", sagte er noch: "Allzeit gute Fahrt!" Und er musste aufstoßen. Und ich durfte nun endlich, endlich auf der Straße Trecker fahren.

Nun wollten wir Mistfahren. Damals waren die Tage des frühjährlichen Mistfahrens Großkampftage. Mein Gott, bevor wir einen Güllestall bauten, hatten wir unbeschreibliche Mistmengen abzufahren. Der Misthaufen war so hoch, dass sein Gipfel ohne Sauerstoffmaske nicht zu erreichen war, und wenn wir Mistfuhren, halfen alle Bauern im Dorf. Damals waren das noch ganz schön viele. Hermann mit dem Ford, Uwe mit dem Fiat, Hans-Adolf mit dem Deutz, Günter mit dem John Deere, Christoph mit dem kleinen Fendt und ich mit dem großen. So viele verschiedene Trecker, und wenn man sie schnacken hörte, dann hatte natürlich jeder den besten von allen.

Und zum ersten Mal war ich mit dabei. Stolz wie Oskar fuhr ich unseren großen Fendt, den besten von allen, und beim Rückwärtsrangieren biss ich mir vor lauter krampfhafter Konzentration fast die Zunge ab. Der Alte lud mit dem Frontladerfendt (unser "Hofsklave", wie Vadder immer sagte) die Wagen voll. Es musste schnell gehen; denn wir wollten ja was schaffen. Und wir schafften was. Zur Kaffeezeit war der Misthaufen fast leer. Jeder hatte noch eine Tour zu fahren, aber Mutter wollte, dass wir erst mal Kaffee trinken. Also lud Vadder alle Wagen voll, und dann gingen wir rein und aßen den leckersten Kuchen und tranken den leckersten Kaffee; denn wenn man arbeitet, schmeckt alles dreimal so gut.

Und dann, nach Kaffee und Kuchen, kam das schönste am Mistfahren. Wir spielten nämlich "Wilde Sau". Wir fuhren alle gemeinsam los, ab zum Acker, auf dem der ganze Mist gelandet war. Zunächst fuhren wir alle, ordentlich, gesittet und auf ein gleichmäßiges Streubild bedacht, so richtig schön agrarökonomisch Spur an Spur nebeneinander her, bis die Miststreuer so ziemlich leer waren. Da wir aber die letzten Fuhren fuhren, mussten auch die letzten Mistreste runter vom Hänger. Diese Restentleerung kann auf ganz verschiedene Arten und Weisen erfolgen. Es gibt die langweilige Art: Man hält an und gibt Gas und wartet, bis auch der letzte Dreck vom Kratzboden verschwindet. Es gibt die anstrengende Weise: Man stellt den Trecker und den Motor ab, schnappt sich eine Forke und forkt die letzten Reste herunter. Und es gibt "Wilde Sau". Wir entschieden uns für "Wilde Sau". Wie auf ein geheimes Kommando schalteten wir alle ein paar Gänge hoch, gaben Gas und heizten wie entfesselt über den Acker, während hinten der letzte Mist aus dem Streuwerk purzelte. Kreuz und quer und schief und krumm und schräg und diagonal hoppelten wir über die alten Stoppeln, nur darauf achtend, Kollisionen zu vermeiden. Wir malten multiple Mäander von Spuren auf das Feld, uns stets freundlich grüßend, wenn wir uns begegneten. Es war großartig und leider viel zu schnell vorbei.

Heute gibt es kaum noch Bauern im Dorf. Wir fahren jetzt immer alleine Mist, der Alte und ich, einsam und oft ein wenig traurig.

Fernweh

Es ist nicht neu
es ist immer das gleiche
doch ich kann mich nicht
dran gewöhnen

jedes Mal
wenn ich nach Kiel fahre
um Förderanträge in den Postkasten
des Amtes für ländliche Räume zu werfen
komme ich an den großen Schiffen vorbei

majestätisch liegen sie da
dick vertäut im Hafen und
warten nur darauf
mich oder besser
uns
die ganze Familie
nach Göteborg oder Oslo zu bringen
je nachdem
welche Fähre grad fährt und
wohin wir wollen

eine Nacht an Bord
und schon sind wir da
in der klaren Luft
an den klaren Seen
unter dem klaren Himmel

des Nordens
lange gerade Straßen
durch endlose Wälder aus
Kiefern Fichten Birken
vor allem Birken
schlank und weiß
und mädchenhaft

so steh ich an der Ampel
sie ist rot
und ich schaue zum Schiff
und ich schaue nach Schweden
bis es hinter mir hupt

dann fahre ich heim
wir können nicht weg
einfach so
Schulpflicht
Kuhpflicht
Ackerpflicht
und was es sonst für Pflichten gibt

hinter mir liegt
das Schiff in den Norden
und ich muss erst mal ins Moor
ich fahre rund
um das Wäldchen aus Birken
und stelle mir Schweden vor

Nacktbaden bei Neumond

Es waren Sommerferien. Ein schöner Sommer. Warme bis heiße lange Tage, und im Zwielicht des späten Abends saßen wir oft bei einer Kiste Bier am Seeufer, all jene Mädels und Jungs, die damals zur Clique gehörten und die heute in IT-Firmen, in Handwerksbetrieben, in Sozialministerien, in Verwaltungsapparaten oder der Arbeitslosigkeit verschwunden sind. Zu jener Zeit gehörten wir zusammen; wir tranken unser Bier; wir redeten; wir scherzten und wir lachten über diese Scheißwelt der Erwachsenen, die sich uns bald einverleiben sollte. Wenn ich an diese Zeit zurückdenke, dann denke ich immer an diese späten Abende im Hochsommer, Anfang Juli, kurz vor elf, wenn das letzte Licht des Tages dort hinten am Horizont von dem Dunkel des Nachthimmels gerade über uns verschluckt zu werden drohte. Die Sonne war schon lange weg; jetzt kamen die Mücken; sie stachen uns überall; wir tranken noch einen, wir lachten drüber. Pah! Mückenstiche! Was kratzt uns das?

Aber bald wurde es zu schlimm; wir fuhren nach Hause, und als es am nächsten Morgen wieder hell wurde, war die Jugend vorbei und kam nur noch manchmal zurück, bei Klassentreffen, unter massivem Alkoholeinfluss, wenn abends spät AC/DC aufgelegt wurde und wir wieder Luftgitarre spielen durften, genau wissend, was für ein abscheulich armseliges Bild wir abgaben. Mir soll noch einer was von Menschenwürde erzählen - dann weiß er nichts von Mittdreißigern, die Luftgitarre spielen, den Kopf schütteln, dabei Sabber um sich herum verteilen und gröhlen: "I'm TNT, I'm dynamite!", und am nächsten Morgen haben sie wieder ihren Schlips um - aber Gott, was rege ich mich auf: Angus Young ist mindestens Mitte 50 und steht noch immer in seiner Scheiß-Schüleruniform auf der Bühne und spielt Gitarre zu diesen Songs, und irgendwann zeigt er dem Publikum seinen nackten Altmännerarsch, und alles jubelt, als ob das eine subversive Geste sei.

Dabei hat das Ganze ja auch etwas Tröstliches - noch immer kann man sich benehmen, wie man will. Am nächsten Morgen hat man die Möglichkeit, neu anzufangen. Und warum - Teufel noch eins - sollte man nicht Luftgitarre spielen? Inzwischen ist das eine ernstzunehmende Sportart mit Weltmeisterschaften, die natürlich - wie Handyweitwurf und PC-Kaputthacken - in Finnland, wo sonst als in Finnland, ausgetragen werden.

Ach, die Finnen - ich habe sie schon immer geliebt. Mit fünfzehn hatte ich für drei Monate eine Brieffreundin in Finnland, in Turku. Den ersten Brief schrieb sie mit silbernem Stift auf parfümiertem, hellblauen Papier. Hier, in Deutschland, in meiner Clique, in meinem geliebten und gehassten Dorf, kriegte ich irgendwie keine Freundin ab, halb aus Blödheit, halb aus Dummheit und halb, weil ich einfach zu vertrottelt war. Wenn es ernst wurde, dann errötete ich, fing an zu stottern, und meine Pickel platzten auf, was wohl einigermaßen abschreckend wirkte. Das einzige Mädchen, das sich damals in mich verliebte, war stellvertretende Vorsitzende der Jungen Union in Plön, und das ging ja nun gar nicht. Bei allem Unglück, bei allem Verlangen - ich hatte auch meinen Stolz. Also packte ich all meine verzweifelte Sehnsucht in meine Briefe nach Finnland. Dreimal schrieb sie noch zurück, die Finnin, einmal mit Gold auf Rosa, einmal mit Multifarbstift auf Lindgrün, zuletzt - nachdem ich ihr einen Besuch angedroht und ihr das Trinken von Brüderschaft inklusive Zungenkuss ("That's the way we do it in Germany!") angeboten hatte - schwarz auf weiß: "You sent me a photo of yours. I think you are ugly. Better don't write anymore." Das war sie also gewesen, meine unglückliche Liebesgeschichte mit Sanna Sirjalainen. Kurz danach war Osterfeuer, und eine halbe Stunde lang wollte ich, um dem ganzen Übel ein Ende zu machen, mit einem Glas Bier ins Wasser gehen, aber wie sich herausstellte, war der Stolper See natürlich schweinekalt, und ich holte mir lieber noch ein Bier. Diese Krise war finnisch entstanden; jetzt müsste sie auch finnisch bewältigt werden. Ich trank und schwieg.

Bald wurde es wieder besser. Und dann kam dieser Sommer. In der Clique waren wir fünfzehn. Acht Jungs, sieben Mädels. Sieben Pärchen. Und ich. Trotzdem gehörte ich dazu, einerseits, weil meine Eltern wegen der ganzen Erntehelfer meist einen ausreichend großen Vorrat an Volksbier und außerdem nichts dagegen hatten, wenn wir uns bei mir trafen, andererseits, weil die Mädels immer sagten: "Ach, Maddi, mit dir kann man so gut reden. Du bist doch der Beste!" Und sie tätschelten mir den Kopf wie einem Schoßhund und dann standen sie auf und gingen zu Dirk, Andreas oder Marco, ließen sich mit Mopedfrisiergeschichten zudröhnen und verloren ihre Unschuld. Und ich, ach, ich habe dieses Tätscheln gehasst, aber ich habe es auch genossen, war es doch die einzige Zärtlichkeit, die ich abbekam - außer der erdrückenden Liebe meiner Mutter und den täglichen fünfundsiebzig Sekunden, die ich brauchte, um mir einen runterzuholen, nicht ohne schlechtes Gewissen, weil meine Mutter mich einmal dabei erwischt hatte. Ich hatte Musik an: Sie war reingekommen; ich hatte sie nicht gehört; sie hatte die Bettdecke zurückgeschlagen und mich angekreischt: "Was machst Du denn da?!"

"Nix!"

"So was machst Du auch?!"

"Nö!"

Dann war sie gegangen, und ich machte weiter. Schließlich hatte ich noch dreiunddreißig Sekunden vor mir, und ich lachte über diesen absurden Dialog mit meiner Mutter, den ich niemals vergessen werde und der auch noch ein Nachspiel hatte; denn meine Eltern machten sich scheinbar ernsthaft Sorgen um meine Gesundheit.

Zu der Zeit hatte Hans Messer, unser Hausarzt, nämlich gerade Urlaub, und auch der Tierarzt kam nur selten zu uns, weil unsere Kühe immer so gesund waren. Also war der Besamungstechniker im ewigen grauen Kittel derjenige, der bei uns ein und aus ging und über die größte angenommene Kompetenz in Fragen der Gesundheit und Fruchtbarkeit verfügte. Er wurde darauf angesetzt, mir ins Gewissen zu reden, und als er wieder einmal da war, um sein Sperma loszuwerden, sagte mein Vater: "Maddi, du gehst jetzt mal mit Onkel Holger in den Stall und hilfst ihm beim Besamen." Ich tat, wie mir befohlen, ganz ohne Argwohn. Und so stand ich und hielt den Schwanz der Kuh, da sagte Onkel Holger, als er gerade seine typische Handbewegung ausführte: "Deine Eltern machen sich Sorgen. Denk dran, Matthias, das ist schädlich. Du verbrauchst dein Rückenmark. Man hat im Leben nur tausend Schuss, und danach wirst du schwachsinnig und landest im Rollstuhl!" So sprach er, und fast wollte ich ihm glauben, aber dann rechnete ich nach:

"Tausend Schuss, sagst du?"

"Ja, definitiv. Tausend Schuss."

"Alles klar, und die Erde ist eine Scheibe. Du lügst!"

"Wie kannst du das sagen? Ich, dein alter Onkel Holger lügt doch nicht!"

"Doch, klar. Ich lauf immer noch rum und hab gute Zeugnisse, jedenfalls bin ich nicht schwachsinnig. Aber ich mach das seit drei Jahren etwa. Jeden Tag. Sind schon über Tausend. Und am Wochenende morgens und abends. Sind pro Jahr noch mal hundert dazu. Ich dürfte inzwischen bei tausend fünfhundert sein, und mir geht`s prima! Also verkauf mich nicht für dumm!" Mittlerweile war er mit der Kuh fertig geworden. Er zog seinen Arm raus, gab mir den glitschigen Handschuh und wusste nicht, was er noch sagen sollte, bevor er anhob zu einem verzweifelten: "Du musst mir doch glauben! Ich bin Besamungstechniker! Ich versteh mein Handwerk!" Doch ich lachte nur.

Aber jetzt, in diesem Sommer, um schlussendlich zu der Geschichte zurückzukommen, die ich hier erzählen will, jetzt war alles anders. Zum ersten Mal witterte ich meine Chance. Denn Mini, ein Mädchen, das zwei Jahre zuvor mit ihrer Familie aus irgendeinem verwunschenen Mittelgebirge zu uns gezogen war, Mini hatte Besuch. Ein Mädchen, eine Freundin. Katholisch zwar, aber hübsch. Sie hieß Mareike. Daheim hatte sie einen Freund, das wusste man, aber sie sagte: "Daheim ist weit weg." Und wie sie das sagte - in einem fremden, urwüchsigen Dialekt, der nach Freiheit und Abenteuer und süßer Gefahr schmeckte.

Wir verbrachten ein paar Nachmittage am See. Wir badeten, wir planschten herum; wir lernten uns kennen. Mareike war süß. Leider musste ich immer Punkt halb vier los, Kühe füttern. Wie ich es da hasste, ein

Bauerngör zu sein. Irgendwann kam die Sprache auf meine legendären Bauernhofparties, wobei die Parties an sich nicht eigentlich besonders waren: Es gab nur immer genug zu trinken; das Volksbier ging niemals aus, und so stellte sich das Legendäre von ganz alleine ein. Mini schlug vor, wir könnten doch zu Ehren des Besuchs aus dem verwunschenen Mittelgebirge eine kleine Heubodenfete veranstalten. Mareike war noch nie auf einem Heuboden gewesen. Ich war dort jeden Tag, und ich fand es nicht besonders romantisch dort mit all der Katzenkacke, dem Eulengewölle und den tausenden von Stroh- und Heuballen - aber Orte, an denen man ständig ist, empfindet man wohl niemals als romantisch. Also: Warum eigentlich nicht?

Ich fragte meine Eltern um Erlaubnis: "Wenn ji dat wüllt - abers fang ni an, do boben to schmöken!" Das versprach ich, und dann kaufte ich genügend Getränke ein und sagte der ganzen Clique Bescheid: acht Jungens, und zum ersten Mal auch acht Mädchen inklusive Frischfleisch aus der Fremde, wie wir Jungs frotzelten, wenn wir alleine waren: Damit die Inzucht nicht zu arg wird.

Der Abend kam. Unser Heuboden ist groß, riesig. Er war halbvoll mit frischem Heu, das wie blöd vor sich hin duftete. Hier gab es auch am Tage nur Dämmerlicht, und wenn die Sonne quer durch die Ritzen schien, tanzten Millionen von Staubpartikeln in den Lichtstreifen. Das war, das musste ich zugeben, schon irgendwie romantisch. Später, für die große Dunkelheit, gab es eine 40-Watt-Birne für etwa 400 m² Fläche - das war eigentlich auch große Dunkelheit.

Am frühen Abend trudelten alle ein. Ich war sechzehn, die meisten anderen waren siebzehn, einige Mädels noch fünfzehn. Wir saßen auf dem Heuboden, auf Heuballen, im Kreis. Wir tranken unser Volksbier, wir knabberten Kartoffelchips; mehr brauchten wir nicht für eine Party, außer vielleicht etwas Musik. Mein alter Kassetten-Recorder quäkte durch den riesigen Raum. Howard Jones sang seinen einzigen Hit, der damals brandneu war: "What is love anyway? Does anybody love anybody anyway? Woho - wohoho - woho - woho - uuu!" Dazu dieses 1984-Synthesizer-Gezirpe. Unsere Musik!

Mini musste niesen und kriegte eine ganz dicke, rote Nase - ihre Pollenallergie. Aber deswegen mit dem Feiern aufhören? Kein Gedanke!

Und Mareike wollte alles wissen. Bauernhof - was macht man da? Was soll das Ganze? Habt ihr auch lila Kühe? Gut gelaunt antwortete ich, redete so lange, bis die Röte aus meinem Gesicht verschwand; also, wenn ich ehrlich bin, flirtete ich fast schon. Nach und nach gingen die Leute. Seit es diese Pärchen gab, gingen viele schon um halb elf nach Hause. Einer sagte immer: "Ich habe Rückenschmerzen.", und seine Freundin trottete brav hinter ihm her; dabei wusste jeder, dass sie jetzt, um den Abend standesgemäß zu beschließen, noch irgendwo knutschen wollten oder Schlimmeres.

Irgendwann waren wir nur noch sechs. Klar: drei Mädels, drei Jungs. Es musste wohl schon nach Mitternacht sein; auf dem Heuboden kämpfte allein die einsame 40-Watt-Birne gegen die Dunkelheit an. Irgendeiner schlug vor: "Wollen wir nicht baden gehen?" Und wir wollten. Zwar hatte keiner Badesachen dabei, aber genau das war ja der Grund, warum baden gehen als so reizvoll erschien. Ich lief ins Haus und holte einige große Handtücher aus dem Heizungsraum; dann gingen wir, zu sechst neben-einander, jeder ein Badetuch unter dem Arm, die

Dorfstraße hinunter, leise miteinander redend, uns konspirativ darüber austauschend, welche Badestelle für uns die richtige sei.

Es war - verdammter Mist - eine unglaublich dunkle Nacht. Die dunkelste Nacht des Monats. Es war Neumond. Noch niemals zuvor hatte ich ein Mädchen nackt gesehen. Jetzt bot sich mir die einmalige Gelegenheit, und dann schien der blöde Mond nicht! Ich ärgerte mich, und das sagte ich auch. "Armer kleiner Maddi!", sagte Mini, und ich zog den Kopf weg, um dem Tätscheln zu entgehen.

Wir entschieden uns für die wilde Badestelle hinter dem Wald, links neben der sagenumwobenen Villa, von der es hieß, dass es in ihr spuken sollte. Im Dunkel der Nacht gingen wir den Kiesweg entlang; unsere Schritte knirschten leise. Dann stiegen wir über den Weidezaun, und Mareike stöhnte plötzlich auf, denn sie hatte den Elektrodraht berührt. Das Jungvieh auf Helmuts Weide sprang auf und stob davon, im Galopp, in die hinterste Ecke der Koppel. Ich hoffte nur, sie würden nicht durchgehen. Sie taten es nicht. Nirgendwo hörte ich das Reißen der Elektrolitze oder das Quietschen von Stacheldraht in den Krampen der Pfähle. Mit diesen Geräuschen kannte ich mich aus. "Pst!", machte ich, "wir dürfen die Starken nicht noch mal erschrecken!"

Und wir schlichen den Uferhang hinunter, am Sechzigerjahrenadelwald vorbei. Diese Fichtenmonokulturen hatte sich damals jeder in den Garten geknallt. Sie waren die Plattenbauten der Landschaft - schnellwachsend, trostlos und unglaublich hässlich. Die Tiere, die darin ein ärmliches, abgedunkeltes Dasein fristen mussten, waren sämtlich anämisch, verhaltensgestört und schwer erziehbar.

Ein Kauz schrie. Wir waren am Ufer angekommen.

Wir zogen uns aus. Ich sah etwas. Ich sah, dass ich nichts sah. Ein bisschen Weiß in all dem Schwarz. Ein formloses Weiß. Das also waren die drei ersten nackten Mädels meines Lebens. Schemenhaftes Weiß, das kieksend und quietschend zum Wasser stolpert. Dann Platschen, und aus sechs Kehlen die Beschwerde, dass es ja wohl arschkalt sei. Aber es wurde bald besser.

Schweigend schwammen wir aus dem schwarzen Schatten des Waldes heraus. Wie jedes Mal im Dunkeln bekam ich Angst, irgend etwas würde von unten kommen und mich in die Tiefe ziehen, böse bauerngörenfressende Schlingpflanzen.. Aber ich wollte mir nichts anmerken lassen. Ich sagte nur: "Lass uns zurück." Wir drehten um. Wir hatten Mühe, die richtige Stelle zu finden.

Dann hörten wir das Jungvieh am Ufer. In unserer Abwesenheit waren die Starken mutig geworden. Sie schnupperten an unseren Sachen und hatten auf mein Handtuch gekackt. Als wir dann frierend, weil das Wasser wärmer war als die Luft, aus dem Wasser kamen, stürzten sie wieder davon. Eine hatte Minis T-Shirt im Maul.

Wir trockneten uns ab. Ich hörte das Bibbern der anderen und die Geräusche der Handtücher auf der Haut. Der Kauz schrie wieder sein Klagelied. Und ich hatte kein Handtuch. Meine Zähne klapperten.

Dann kam Mareike auf mich zu. Sie muss es gewesen sein; der weiße Nebel vor mir hatte ihre Stimme. Dort, wo ich ihn vermutete, sah ich so etwas wie einen Busen. Faszinierend. "Du sollst auch nicht frieren!", sagte sie und gab mir ihr Handtuch. Einen Wimpernschlag lang berührten sich unsere Arme. Ich bekam einen Schlag und huchte leise. Wieder stoben die Starken davon, und ich hatte die bis dato erotischste Erfahrung meines Lebens gemacht. Mareike drehte sich um und ging zu ihren Sachen zurück. Verführerisch wackelte im Dunkel das, was ich für ihren Hintern hielt. Mir stockte der Atem.

War das jetzt Petting? fragte ich mich. Ich bekam keine Antwort, aber ein Rohr, seltsamerweise, obwohl ich fror. Ein Glück, dass es so dunkel war. Vor Kälte, Aufregung und irgendeinem anderen Gefühl zitterte ich. Dann genoss ich die Berührungen des Handtuchs auf meiner Haut und dachte daran, was dieses Handtuch zuvor alles berührt hatte, vor wenigen Augenblicken. Ich roch daran, ich versuchte, Spuren von Mareikes Geruch darin zu entdecken, aber ich wusste ja gar nicht, wie sie duftete, und das Handtuch roch nur nach einer Mischung aus Seewasser und Gummistiefeln, die zum Trocknen im Heizungsraum stehen.

Schweigend zogen wir uns an, dann brachen wir auf. Diesmal krochen wir unter dem Draht durch. Auf der Autobahnbrücke verabschiedeten wir uns; die anderen mussten links rum, ich musste nach rechts. Mareike gab mir die Hand; wieder kriegte ich einen Schlag, sie auch. Wir lachten. Am nächsten Tag fuhr sie heim in das verwunschene Mittelgebirge.

Es sollte fünfzehn Jahre dauern, bis ich sie einmal wiedersah. Fast war ich eifersüchtig, als sie mir ihren Mann vorstellte. Sie hatte nicht auf mich gewartet. Ich allerdings auch nicht auf sie.

Inzwischen habe ich auch mal eine Frau nackt gesehen, sogar bei Tageslicht. Bei Neumond Nacktbaden war ich allerdings schon lange nicht mehr. Ist ja auch schön blöd.

Beim Heukehren im Moor

Es waren - ganz gegen die Gewohnheit des norddeutschen Wetters - wundervoll trockene Frühsommertage. Ja, es war sogar die Zeit der Kieler Woche, und trotzdem schien die Sonne, Tag für Tag. Stabiles Azorenhoch. Ausgezeichnete Bedingungen zum Heumachen. Ständig eine kleine Brise, und es dauerte nur wenige Tage, da war das gemähte Gras zu blassgrünem, krossen Heu getrocknet. Fast schon fand ich es schade, wie schnell das alles ging; zu gerne kehrte ich Heu, denn ich liebte den betörenden Duft des welkenden Grases, ich liebte das Rascheln des Heus beim Kehren, ich liebte die KlingKlangmelodie der Steine oder der sich gegenseitig berührenden Heukehrerzinken.

Ach, wenn man es nicht wochenlang machen muss, dann ist Heukehren eine wunderbare Arbeit, in welcher sich scheinbar widerstreitende Elemente harmonisch verbanden: dynamisch und meditativ, langweilig und inspirierend, irre laut und gleichzeitig wie in Watte gepackt.

Heukehren ist eine seltsame Arbeit; denn sie schafft dem Arbeiter Freiraum innerhalb fester Grenzen. Freiheit also und das Gegenteil davon. Du musst los, du musst das Heu kehren, aber dann fährst du einmal außen rum und passt auf, dass die sich drehenden Kreisel des Heukehrers nicht im Zaun landen, und danach hast du Zeit. Du tust deine Arbeit, fährst immer rum, und dein Dötz hat Zeit, die Muckis spielen zu lassen.

Andere Bauern planen dann ihre Stallneubauten,

legen sich Pläne zurecht, welchen Nachbarn sie auf welche Weise als nächsten übernehmen, kalkulieren im Kopf den Deckungsbeitrag ihres Ackerbaus oder träumen von ihren oder anderen Frauen. Und ich, wenn ich nicht gerade an die Liebste denke und mich erinnere an die letzte Liebesnacht mit ihr, was manchmal etwas belastend sein kann für mein körperliches, seelisches und vor allem hormonelles Gleichgewicht, wenn ich nicht gerade an die Liebste denke und ihr sehnsüchtig nachfühle bis zum nächsten Wochenende ohne Kinder, dann schreibe ich Geschichten. Ich fahre und denke, fabuliere, formuliere, verwerfe und formuliere erneut, bis die Koppel zu Ende gekehrt ist und ich alles wieder vergesse.

Heu machen in Regenperioden bedeutet nichts weiter, als dass ich im Kopf ganze Romane schreiben kann. Kehren, Roman ausdenken, und dann regnet es. Am nächsten Tag: Kehren, Roman an der Stelle von gestern weiterdenken, und dann regnet es wieder. Jedes Mal wieder regnet es, jedes Mal beim Kehren denke ich weiter am Roman, und nach langen, langen Wochen ist das Heu grau und muffig, das kannste vergessen, ebenso wie ich meinen Roman vergessen kann beziehungsweise vergessen habe, wenn das Heu endlich geerntet ist. Dann ist er weg. Spurlos verschwunden, und ich ärgere mich, weil ich immer an diesen blöden Roman gedacht hab und nicht an die Liebste, obwohl ich mir doch von ihr oder den Gedanken an sie, die Einzige, die Wunderbare, so gern mein hormonelles Gleichgewicht durcheinander bringen lasse.

In jenem Jahr jedoch war alles anders. Man konnte dem Gras beim Heuwerden zugucken, wie im Zeitraffer, so schnell ging das. Ich konnte mir noch nicht mal die klitzekleinste Geschichte ausdenken.

Stattdessen ging mir die ganze Zeit mein Lieblingslied im Kopf herum, immer nur die gleichen zwei Verse meiner schwedischen Lieblingsband: "Där finns ingen lycka, bara lyckliga stunder." Was sich übersetzen lässt mit: "Es gibt kein Glück, nur glückliche Augenblicke." Darüber dachte ich nach, als ich zum letzten Mal das Turboheu jenes Jahres kehrte. Ich war geneigt, dem zuzustimmen.

Dann war ich fertig. Mittels meines hydraulischen Steuergerätes klappte ich die äußeren Kreisel des Heukehrers hoch; dann stellte ich den Treckermotor ab. Urplötzlich war es still, um mich herum nur das beredte Schweigen der Natur und das leise Klicken des Motors. Ich stieg vom Trecker, um die Kreisel in Transportposition zu drehen. Dann stand ich einfach nur da, hielt die Nase in den Wind und guckte in das Birkenwäldchen.

Plötzlich kam Wind auf. Eine kleine, feine Bö umspielte mich, drehte sich, und dann, wenige Meter von mir entfernt, entwickelte sich eine winzige Miniaturbonsaiwindhose. Mit offenem Mund stand ich da, atemlos, und starrte dorthin, wo das Heu hochgehoben wurde, sich drehte und schraubte, höher und höher. Immer mehr der blaßgrünen, duftenden Halme wurden hochgewirbelt, gedreht, gewendet, höher und höher und noch höher, und ich stand und glotzte in ungeteilter, unendlicher Bewunderung. Ich konnte gar nicht glauben, was ich sah, aber ungelogen, es war da. Mein Moorwiesenheu drehte vollendete Pirouetten im Wind, bis eine Bö kam, frisch und geradeaus, sie wehte dazwischen, pustete durch diesen Hauch von Nichts, dieses Miniwindhöschen, diesen Windstringtanga einfach hindurch. Die Halme flogen los, hoben ab, segelten weiter bis in das silberne Laub der Pappeln am anderen Ende des Moors.

Noch lange blickte ich hinterher. Was für ein Wunder. Das nenne ich Glück. Dass ich dabei sein durfte. Und wenn auch nur für einen glücklichen Augenblick.

Fleisch oder nicht Fleisch

Soviel habe ich jetzt schon mitbekommen: Jedes Kind stellt sich irgendwann im Laufe des Aufwachsens die Frage, ob es nicht lieber auf den Konsum von Fleisch verzichten sollte, um den Tieren das Leid zu ersparen.

Eine berechtigte Frage, wie ich finde. Obwohl ich als Bauer auch vom Verkauf von Schlachttieren lebe, kann ich die Debatte um Sinn und Unsinn des Fleischverzehrs gut nachvollziehen. Es gibt viele gute Gründe, kein Fleisch zu essen. Ich bin auch kein Stück beleidigt, wenn mein Sohn sagt, dass er jetzt Vegetarier sei, der Verräter! Jedenfalls akzeptiere ich seinen Entschluss und finde es enorm respektabel, dass er ganz konsequent auf Fleisch verzichtet, obwohl er es vorher unheimlich gerne aß.

Nur meine Eltern können es gar nicht verstehen, dass Birte und ich es erlauben, dass Peer kein Fleisch ist. Und mein Vater kann die Stichelei nicht lassen; jedes Mal, wenn Peer etwas kränklich ist, sagt er: "Kein Wunder! Du isst ja auch kein Fleisch! Du solltest mal ein ordentliches Stück Speck essen; dann wirst du auch gesund!"

Das mit dem Fleisch ist ein Thema, das uns nicht mehr los lässt, seit unsere Kinder geschnallt haben, dass das, was da so lecker auf dem Teller liegt, vorher gelebt hat, lebendig war und Augen, Nase, Fell und alles so was hatte.

Ich erinnere mich noch gut daran, wie Marie, damals etwa fünf Jahre alt, beim Abendbrot plötzlich ein absolut ergreifendes, leidenschaftliches

Stehgreifplädoyer für den Fleischverzicht hielt. "Ich finde es total blöd, dass die ganzen süßen Tiere sterben müssen, nur, damit wir Fleisch essen können! Das sollte mal einer mit uns machen! Das würden wir ganz schön fiese finden!" Und Nora und Peer, damals drei Jahre alt, kauten an ihrem Salamitoast und stimmten ihr mit vollen Mündern zu. Es herrschte eine bedrückende Stille am Esstisch, und ich wollte gerade erklären und erläutern und rechtfertigen, da löste Marie die ganze Spannung mit der beherzten Bitte: "Papa, gibst du mir mal die Leberwurst?"

Das Thema geriet etwas in den Hintergrund. Marie hatte ihren Frieden mit dem Fleischessen gemacht. Irgendwann waren dann aber Nora und Peer soweit. Peer, der sein Karnickel einst fast verhungern ließ und deshalb von uns wegen Tierquälerei mit einem Tierhaltungsverbot belegt wurde, Peer sagte: "Ich esse kein Fleisch mehr. Wegen mir soll kein Tier sterben." Und Nora zog mit, allerdings nur zwei Wochen lang, dann gab es Nudeln mit Hackfleischsoße. Sie haute ordentlich rein und sagte danach entschuldigend: "Ich kann kein Vegetarier sein. Ihr habt mich ja zum Fleischesser erzogen."

Inzwischen aber hat sie eine differenzierte Entscheidung getroffen. Sie isst nur Tiere, die es in ihrem Leben gut gehabt haben. Mit anderen Worten: Sie isst nur Fleisch aus artgerechter Haltung. Und wenn es bei uns solches Fleisch gibt, dann müssen wir anderen wirklich zusehen, dass wir etwas abkriegen, bevor Nora sich darauf stürzt.

Peer jedoch blieb hart. Seit zwei Jahren kein Fleisch, und ich glaube sogar, es nagt ein wenig an ihm, dass unsere Familie mit Schlachtviehverkauf ein Teil ihres Geldes verdient. Ich finde allerdings, dass seine Tierliebe manchmal etwas weit geht. Neulich brach er fast in Tränen aus, als ich eine Mücke erschlagen hatte, die mich zuvor gestochen hatte, das Mistvieh! Für jede Nacktschnecke, die ich mit selten erlebter Hingabe im Garten zertrete, baut er kunstvolle Mausoleen auf unserem zwei Hektar großen Kleintierfriedhof. Und Ratten soll ich nicht mehr mit Gift bekämpfen, sondern lebend einfangen und beim Nachbarn aussetzen.

Kein schlechter Gedanke eigentlich, aber Quatsch! Ratten werden gekillt! Basta!

Dürre

Es war ein heißer Sommer, damals, in jener Zeit, als mein Vater Bürgermeister war. Das Wetter war schon so lange gut, dass es weit davon entfernt war, noch gut zu sein. Das Wetter war schlecht; die Sonne brannte gnadenlos vom Himmel herab, jeden verdammten Tag aufs Neue, wieder und wieder. Die Weiden und der Weizen winselten nach Wasser; einige Bäume wurden welk. Die Bauern jammerten schon seit Wochen über die Dürre und verlangten Ausgleichszahlungen von der Regierung. Sogar der Kanzler schwitzte, öffentlich im Fernsehen.

Selbst bei uns im Norden war es kaum auszuhalten. Das Gras wuchs in die Erde zurück; der Mais auf den Feldern wurde braun, und die Kühe auf der Weide stapelten sich im Schatten der wenigen Einzelbäume. Meine Eltern wurden traurig und immer trauriger. Vater mochte schon gar nicht mehr am Acker vorbeifahren; nur im Moor wuchs noch Gras. Das holte der Alte täglich zum frisch verfüttern, und die Kühe kamen sogar aus dem Schatten heraus, stürzten sich darauf wie die Bauern zum Tresen, wenn beim Feuerwehrfest der Ruf "Freibier" ertönte.

Jeden Tag ging ich baden, morgens und abends, aber das erfrischte auch nicht mehr. Es war wie Schwimmen im eigenen Schweiß. Das Wasser war inzwischen so warm geworden, dass man kaum einen Temperaturunterschied im Intimbereich verspürte, wenn man, bis zur Brust im See stehend, ins Wasser pinkelte. Hab ich nicht selbst ausprobiert, hat mir jemand erzählt, der anonym bleiben will.

Seit zehn langen Tagen versprach man uns für den Abend Hitzegewitter, aber sie wollten einfach nicht kommen. Wahrscheinlich hatten die Jungs vom Wetterdienst vor elf Tagen die letzte Wetterprognose gemacht, bei ihrer Wetterdienstwetterberichtmaschine auf den Repeat-Knopf gedrückt und waren in den Urlaub gefahren, irgendwohin, wo man es noch merkt, wenn man ins Wasser piescht. Oder im Wetterdienstbüro war die Klimaanlage ausgefallen und die Wetterheinis lagen dehydriert und vertrocknet wie Dörrfisch in der Ecke.

Es war ein Nachmittag. Meine Eltern waren nicht da, mussten zu einer Beerdigung. Hitzeschlag. Der vierte diese Woche.

Ich kam von der Schule nach Hause geschlichen, vorbei an den verdörrten Feldern, den staubigen Weg entlang. Ich zählte die auf dem Weg krosch gebrutzelten Nacktschnecken. Wie fett, eklig und schleimig waren sie bei Normalwetter. Scheinbar hatten sie sich im Schutze des spärlichen nächtlichen Taus aus ihren Verstecken getraut. Dann war der Tag angebrochen, die Sonne aufgegangen. Schneckenpech. Nicht etwa, dass ich Mitleid mit den Viechern gehabt hätte. Vielleicht waren sie sogar zu etwas zu gebrauchen. Jetzt, auf dem Weg in der Sonne, sahen sie nämlich aus wie zu groß geratene Haschischbrocken. Musste sich gut verkaufen lassen, das Zeug. Ich würde es morgen versuchen, irgendwo, vielleicht in Kiel. Irgendwo, wo ich nicht so schnell wieder auftauchen würde.

Ich schlich weiter.In der Ferne waren Wolken zu sehen. Musste wohl eine Fata Morgana sein, eine Luftspiegelung. Über Mitteleuropa gab es keine Wolken. In der Küche war es kühl. Mutter hatte mir Grütze mit Milch übrig gelassen, im Kühlschrank. Ich aß, las in der Zeitung den immer gleichen Wetterbericht mit den Hitzegewittern, schüttelte den Kopf. Dann ging ich hoch, in den 1. Stock, in mein Zimmer. Ich legte The Who auf, "Quadrophenia", diese glücklichmachende Stelle mit den Regengeräuschen im Hintergrund, die Liebeshymne, das Meeresrauschen. Ich döste, träumte, schlief ein, träumte weiter.

Als ich erwachte, war es dunkel. Erschrocken blickte ich zum Wecker. 15 Uhr 43. War der stehen geblieben? Wieso war es dunkel? Ich fummelte meine Taschenuhr aus der Hosentasche. Auch die zeigte Viertel vor Vier. Zum Glück hatte ich nicht verpennt. Kurz nach vier musste ich raus, Kühe füttern. Bei der Beerdigung gab es nämlich noch eine Kaffeetafel. Hoffentlich Eiskaffee, hatte mein Vater gesagt.

Ich guckte raus. Draußen war es dunkel. Der Himmel war dunkelgrau, keine einzelnen Wolken, eine einzige dunkelgraue Wolkenhimmelmasse. Ich öffnete das Fenster. Wind war aufgekommen. Die Schwalben flogen wild durcheinander, drehten Loopings, übertrafen sich gegenseitig bei ihrer akrobatischen Flugschau.

Ich steckte den Kopf aus dem Fenster und blickte nach oben. Ein großer Tropfen traf meine Nase. "Scheißschwalben!!" schimpfte ich, nahm ein Taschentuch und wischte es weg. Es war aber keine Schwalbenscheiße von den Scheißschwalben, es war Wasser! "Scheißschwalben! Scheißschwalben! Hihi! Scheißschwalben!" kicherte ich hysterisch vor mich hin, da brach draußen der Sturm los. Eine Flutwelle stürzte vom Himmel herab, die Bäume bogen sich, der Wind peitschte den Regen in Wellen vor sich her. Blitz! Donner! Sturm! Wasser! Wasser!

Da fiel es mir ein. Ich wollte helfen, wollte mittun, wollte tätiges Subjekt , wollte solidarisch sein mit diesem Regen, mit allem Regen, allem Regen der Welt!

Nicht nur reden, etwas tun war angesagt. Schluss mit all den hohlen Phrasen; es lebe die Aktion!!!

"Yeehaa!" schrie ich, stieg auf die Fensterbank und zog meine Hose runter. Ich musste pinkeln. "Hey, warte, ich helf Dir!" jubelte ich und rief: "Da, du mistige Dürre, nimm dies! Und dies!" Und ich pinkelte in hohem Bogen mitten in den Regen hinein, halbnackt, auf der Fensterbank stehend! Juhuu! Was für eine Freude, was für eine Pracht! Und ich skandierte meine Parolen, mit tausendfachem Echo im Kopf: "Ich bin der Rächer der Verdörrten! Ich bin der Sprecher der Gegerbten! Ich bin gekommen, um zu kämpfen, für all die traurigen, all die grauen, all die bitteren Bauern! Volleblasier aller Länder, vereinigt euch!! Oh du dolle Dürre, dein letztes Stündchen hat geschlagen!! Ähm, äh...", mir fiel nichts mehr ein. Krampfhaft überlegte ich, was ich der dämlichen Dürre noch zu sagen hatte.

"Halloo! Halloo! Matthias!" Ganz von ferne, mitten in meine kreative Pause hinein, drang eine Stimme zu mir durch. Ich schaute nach unten. Da stand der Amtsvorsteher. Der kam oft vorbei, um mit dem Alten rumzuklüngeln. Ständig hockten sie zusammen und heckten ihre christdemokratischen Streiche aus. Er hatte sich unter unserem Dachüberstand untergestellt. Wir schauten uns an, für den Bruchteil einer Sekunde. Ich erschrak, mein Strahl versiegte, ich ließ mich fallen, zum Glück zur richtigen Seite, ins Zimmer, aufs Bett.

Langsam kam ich wieder zu mir. Ich schlich zum Fenster zurück. "Herr Hammerwald?" rief ich fragend in den Regen hinein. "Meine Eltern sind nicht da. Beerdigung. Hitzeschlag. Der vierte diese Woche. Tut mir leid." Er lächelte. "In Ordnung. Dann komm ich später wieder. Schön, der Regen, nicht wahr?" fragte er und grinste. Ich nickte. "Wirklich schön. Die Luft, ach, und dieses Wasser. Schön, ja, in der Tat sehr schön, ja. Schön, ehrlich schön. Schön...äh...schön, ja..."

"Naja, dann tschüß, bis später!" half er mir aus und ging zu seinem Auto. Das hatte ich vorher, im Rausch des Regens, gar nicht bemerkt. "Schön, schön, sehr schön. Schöner Idiot.", flüsterte ich ihm nach, leise, in den Regen hinein, meinte aber mich damit. Ich blickte ihm nach, lange, bis der 200D in der Regenwand verschwand. Dann ging ich, zog mir Stallklamotten an und fütterte die Kühe. Ich hoffte, Herr Hammerwald und ich hatten jetzt ein Geheimnis, das wir beide hüten würden, aber ich glaubte nicht daran.

Acht Wochen lang kontrollierte ich danach jedes Mal die amtlichen Bekanntmachungen in unserer öffentlichen Wochenzeitung, liebevoll "Käseblatt" genannt. Ich erwartete, dort würde stehen: "Stührwoldt junior pinkelt vom Fensterbrett auf den Hof. Im hohen Bogen! Und schreit radikale Parolen dazu! Wankendorf, im Juli 1985. Der Amtsvorsteher." Aber eine solche Mitteilung kam nicht. Niemals. Bis zum heutigen Tage. Ein Glück.

Novembersturm

die Siloplane knattert im Wind
versucht die Reifen abzurütteln
die großen Bäume biegen sich
wiegen sich und schütteln
wuchtig und wild
ihre knochigen Kronen

in der Traueresche
tanzen drei tolle Frauen
das lange strähnige Haar
fliegt ineinander
durcheinander
auseinander

dem Alten flöge der Hut weg
ginge er heute vor die Tür

das letzte Jungvieh steht
mit geblähtem Fell
den Hintern im Wind
die Ohren wackeln

noch bläst es trocken
es regnet nur Blätter
Wolken hetzen
über den Himmel

die Luft ist sauber und frisch
manchmal riecht sie auch nach Fisch
sie kommt direkt vom Meer her

eigentlich sollte man
lieber etwas tun
an solch einem Tag
als still um die Lichtplatten zu bangen

an den See fahren
wenn er spielt
er wär die Ostsee
an die Ostsee fahren
wenn sie spielt
sie wär ein richtiges Meer
und nicht nur son Geplätscher
zwischen uns und Schweden

denke ich und
geh in den Stall

füttern

Himmelfahrt

Jedes Jahr im Juni machen wir Heu. Wenn das Wetter es zulässt. Was oft nicht der Fall ist. Trotzdem lassen wir uns nicht entmutigen und versuchen es in jedem Jahr wieder. Zuweilen komme ich mir dann wie Sisyphos vor. Heu kehren, damit es trocknet, nur um einige Stunden später wieder nass geregnet zu werden, das ist im Grunde das Gleiche wie einen Felsen den Berg hoch rollen, nur, damit er wieder runter kullert. Aber seit Camus wissen wir, dass wir uns Sisyphos als einen glücklichen Menschen vorstellen müssen. Und so ist es auch mit mir, wenn wir Heu machen. Ich muss mich mir als einen glücklichen Menschen vorstellen.

Seit einigen Jahren mähen wir auch die Weiden von Hannes Bestmann. Hannes hat zwei lange, schmale Koppeln, die zwischen Autobahn und ehemaligem Bahndamm eingeklemmt sind. Sie sind so schmal, dass ein Trecker mit Presse und Heuhänger auf ihnen nicht umdrehen kann. Deshalb müssen wir dort die Heuballen nach altem Brauch mit Forken aufstaken. Vadder fährt den Trecker; ich stake auf, und die Liebste packt das Heu auf dem Hänger. Ein vollendetes Bild rosaroter Landromantik.

Noch romantischer ist allerdings die Fahrt dorthin. Der Alte fährt das Gespann; Birte und ich klettern auf den Gitterwagen und legen uns zueinander in das duftende, weiche, lose Heu, das von den vorherigen Ladungen übrig geblieben ist. Es ruckelt und zuckelt, dann geht es los. Wir liegen auf dem Rücken, halten uns an den Händen und blicken in den blauen

Himmel, in die Wolken und in die Kronen der vorbeihuschenden Eichen des alten Knicks, und wie jedes
Mal, wenn wir dort liegen, wünsche ich, die Fahrt
möge niemals enden. Nur manchmal tauschen wir
sanfte, verliebte Blicke, aber meist schauen wir hoch,
in den Himmel, weit, weit weg. Die Übereinstimmung
ist vollkommen, die Harmonie vollendet; in süßem
Schweigen liegen wir und drücken unsere Hände.
Der Kopf wird ganz leer, das Herz ganz voll, und ich
denke nur: Ach, wäre doch der Weg das Ziel, dieses
eine Mal nur.

Er ist es nicht. Der Alte weckt uns auf. Er pfeift sein
schrilles Pfeifen und ruft: "Ji schütt arbeiden, nich
dröömen!" Und es dauert eine Zeit, bis wir wieder
da sind in der Welt. Es war so schön, gemeinsam, im
Himmel.

Nächstes Jahr fahren wir wieder dorthin. Ich kann
es kaum aushalten vor Ungeduld. Heu fahren bei
Hannes Bestmann ist so was von klasse!

Der Wollmützenmann

Außer im hohen Sommer trage ich bei der Arbeit immer Mützen. Schon, damit die Haare nicht so heftig nach Stall stinken, aber auch, damit mir beim Melken keine Kuhscheiße ins Haar fliegt, wenn doch mal eine Kuh nicht an sich halten kann.

Bei meinen Mützen - denn ich habe derer sieben - handelt es sich grundsätzlich um ganz gewöhnliche Wollmützen. Keine Baseballcaps. Ich hasse Baseballcaps. Der bekloppte amerikanische Präsident trägt auch eine, wenn er sich leger geben will, und unter dem Rand der Kappe ragen seine grotesken Affenohren heraus wie kleine Satellitenschüsseln - schauderhaft. Niemals könnte ich eine solche Mütze tragen, ohne unangenehm an George Dabbelju Bush erinnert zu werden, und das vermiest mir den Tag.

Die Verdrängung der deutschen Wollmütze durch die beknackten Baseballcaps ist ein Thema, dem viel zu wenig Aufmerksamkeit geschenkt wird. Hier würde es sich direkt mal lohnen, gegen die schleichende Amerikanisierung unseres Lebens anzukämpfen. Ich fordere Steuererleichterungen für die Träger deutscher, nein, sagen wir: europäischer Wollmützen! Gemeinnützige Pflichtarbeitseinsätze für Baseballcap-Träger, Kirchhof fegen und so. Ich kann's nicht mehr sehen: Überall diese Kappen, meist mit blöder Werbung drauf, sogar mein Vater trägt schon eine im Melkstand, verkehrt herum. Fehlt nur noch, dass er sich so eine Amputierter-Arsch-Hose anzieht und auf dem Skateboard durch den Stall fährt! Und ich seh es schon kommen: Wenn ich demnächst mal einen

Fahrsilo mit Betonwänden bauen will, wird er mich anflehen, dass die Wände halbrund sein sollen, damit er und seine Kumpels den Silo auch als Halfpipe nutzen können. "Schlag ein, Alter!", wird er rufen. "Gimme five! Wir sind voll gangsta!!!"

Verfall der Sitten allüberall. Ich, nur ich, kämpfe dagegen an. Ich trage Wollmützen. Ich besitze sieben Stück, eine schöner als die andere. Wobei Wollmütze nicht unbedingt heißt, dass sie automatisch auch aus Schaf ist. Schaf scheuert nämlich meistens am Kopf; manchmal trägt sich Kunstfaser - so ekelhaft sich das auch anhören mag - einfach angenehmer.

Zu meinen Mützen: Ich habe eine schlichte grauschwarze Mütze für den Alltag, eine, die ich bei jeglichen Arbeiten auf dem Hof tragen kann. Sie ist mit einem Aufschlag versehen, den ich auch herabschlagen kann, so dass sie über beide Ohren reicht. Ich höre dann nichts mehr, was in manchen Situationen sehr vorteilhaft sein kann.

Meine zweite Mütze ist das gleiche Modell, nur nicht für alltags, sondern für sonntags. Sie sieht genauso aus, ist in der Regel aber etwas sauberer - sie wird ja auch weniger häufig getragen. Zum Kauf einer gleichartigen Sonntagsmütze wurde ich übrigens von einem ehemaligen Krankenhauszimmergenossen meines Bruders inspiriert. Das war ein herzensguter, älterer Landarbeiter auf einem Reiterhof. Er hatte für eine kleine Operation ins Krankenhaus gemusst und war mit seinem Moped und zwei Helmen dort angekommen. Auf Nachfrage, wieso denn ein Landarbeiter zum Mopedfahren zwei Helme benötige, erklärte er ungerührt: "Einer ist für alltags, einer für sonntags. Und ich weiß ja noch nicht, wann ich wieder aus dem Krankenhaus komme. Könnte Alltag sein, könnte aber auch Sonntag sein. Also brauch ich wohl beide

Helme!" Das hat mir wirklich imponiert, und ich rannte los und kaufte eine Sonntagsmütze.

Mütze Nr. 3 ist leuchtend orange. Mit großen Buchstaben ist "Bauer" drauf geschrieben. Das ist die ideale Kopfbedeckung zum Küheholen. Wenn ich so allein durch die Wildnis stapfe, habe ich immer Angst, vom Jägervolk für ein Wildschwein gehalten und abgeballert zu werden. Wenn sie wirklich Wildschweine aballern, so haben sie meine volle Begeisterung auf ihrer Seite: Ja, weg mit dem Kroppzeug! Rammbamm, knack und weg! Naja, und damit sie mich nicht versehentlich gleich mit erlegen, habe ich meine leuchtende Mütze mit dem "Bauer"-Schriftzug angeschafft - in der Hoffnung, dass die Jäger lesen können und sich, sollte dies nicht der Fall sein, ansonsten wundern, dass das aber ein komisches Wildschwein sein muss, das eine orange Mütze auf dem Kopf trägt. Diese doppelte Vorsorge scheint jedenfalls zu wirken; immerhin lebe ich ja noch, und soweit ich weiß, hat noch nie jemand versucht, auf mich zu schießen, und wenn, dann muss er sehr, sehr schlecht gezielt haben. So leicht bin ich ja nicht zu verfehlen!

Mütze Nummer vier ist eine aus solch einem spukkenden südamerikanischen Tier gefertigte, schlicht schwarze Topfwollmütze, die bei meinen häufige Kleintierbeerdigungszeremonien zum stillen feierlichen Rahmen beiträgt. Ich trage sie ausschließlich zu diesem Anlass. Sie ist der Wollhut des Teilzeittotengräbers, der ich auch bin, und symbolisiert gleichsam Trauer und die bescheidene Zuversicht, dass das Leben weiter gehen möge und die Sonne irgendwann wieder scheinen wird. Und - man glaube es oder nicht - sie hilft den Trauernden bei ihrem schweren Gang und erfüllt also ganz ihren Zweck.

Die fünfte Mütze ist eine besondere Rarität. Es ist eine naturmelangefarbene Filzmütze aus Nordschweden. Ich brachte sie von einer Reise mit. Sie hat die Form des schlabberigsten Schlapphutes, den man sich nur vorstellen kann, und ist - was wirklich außergewöhnlich ist - selbst für meinen Kopf zu groß. Diese in der Tat extravagante Mütze setze ich auf, wenn ich ins Dorf gehe, um dem liebgewonnenen und von mir gerne gepflegten Klischee des etwas spinnerten, avantgardistischen, grenzintellektuellen Ökobauern zu entsprechen. Die Liebste allerdings meint, ich sähe damit einfach nur total bescheuert aus. Darauf antworte ich dann, dass allein schon mein Gewissen mich zwinge, die Mütze zu tragen, schließlich sei sie sauteuer gewesen und von einem nomadisch lebenden Lappen handgefilzt worden, der gleich mehreren diskriminierten Randgruppen angehörte - unter anderem war er heterosexuell, katholisch, Sozialdemokrat mit Parteibuch, Gewerkschaftsmitglied und - für einen Deutschen schon seltsam genug, aber für einen alten Nordschweden geradezu sensationell absurd - HSV-Fan!! Den Freiheitskampf dieses aufrechten Mannes trage ich nun auf meinem Kopf um die Welt, aber niemand glaubt mir. Stattdessen lachen mich alle aus. Meistens liegt das gefilzte nordschwedische Echtschaf deshalb in meinem außerordentlich geräumigen Mützenschrank, direkt neben meiner roten Weihnachtsmann-Dienstmütze.

Das ganze Jahr über fristet sie als niemals gebrauchte Ersatzmütze ein trauriges Dasein, bis sie am Heiligabend ihren großen Auftritt hat, wenn sie zunächst von einem Freund bei unserer Weihnachtsbescherung und anschließend von mir bei der Bescherung der Familie des Freundes getragen wird. Im Stoff der Mütze mischt sich unser

Schweiß, denn das Weihnachtsmannkostüm inklusive der Mütze ist einfach schweineheiß, und ich komme schwer bepackt in die überheizten Stuben hinein und muss mir von aufgeregt stotternden Kindern dann noch ellenlange Gedichte anhören, bevor ich meinen Krempel los werde. Ständig muss ich dann noch "Hoho" rufen und wie der liebe Onkel tun, während mir der Schweiß über die Wangen rinnt. "Wart ihr denn auch immer schön artig?" Dieses ganze Weihnachtsmann-Blablabla spule ich herzlos herunter, während es mir deutlich lieber wäre, schnell mit der ganzen Chose fertig zu sein. Etwa so wie auf der grandiosen Postkarte, die ich im letzten Jahr von einer lieben Freundin zu Weihnachten bekam. Man sieht den Weihnachtsmann und einen kleinen Jungen, und der Junge schreit: "Rück das Zeug raus, du rote Sau!" Hohoho, so wünsche ich es es mir, kurz und schmerzlos! Eine richtig schöne Bescherung!

Bleibt noch die letzte Mütze, Nummer sieben. Die habe ich aus erotischen Gründen gekauft. Nun stehen Mützen gleich welcher Art nicht gerade in dem Ruf, unwiderstehliche Reizwäsche zu sein. Diese ist es auch nicht, aber ich hatte es mir erhofft, und den Versuch war es immerhin wert. Wie war es zu dem Mützenkauf gekommen?

Nun, vor einiger Zeit hatte die Liebste mich gebeten, dass ich mich ihr vorzugsweise von hinten nähern solle, dann könne sie sich gut vorstellen, ich sei nicht ich, sondern - je nach ihrer Lust und Laune - wahlweise Brad Pitt, Johnny Depp oder George Clooney. Der Liebsten Wunsch ist mir Befehl, aber nach einigen Jahren verspürte ich den tiefen Wunsch, nicht nur ständig ihren gewiss wunderbaren Rücken, sondern auch ihr unvergleichlich hübsches Gesicht einmal wieder zu sehen; die Erinnerung daran begann nämlich etwas zu verblassen.

Wie sollte ich es anstellen? Zunächst wollte ich der Liebsten vorschlagen, auf den alten Handtuch-vors-Gesicht-Trick zu setzen, aber ich kann ja unmöglich den ganzen Tag mit einem Handtuch vor dem Kopf herumlaufen. Da kann ich ja gar nichts mehr sehen!

Dann kam mir die Idee mit einer langen groß-maschigen Strickmütze. Sie wärmt, sie erfüllt alle Anforderungen, die an eine Arbeitsmütze zu stellen sind. Ich kann sie den ganzen Tag lang aufhaben und sobald ich der Liebsten begegne, klappe ich den Aufschlag herunter, bin nicht mehr zu erkennen, aber kann durch die groben Maschen hindurch weiterhin alles sehen, was im Allgemeinen nicht unwichtig ist. Ich fand ein wunderbares Modell in schmutziglila, mit einem hübschen Bommel auf dem Kopf. Sofort wollte ich den Pitt-Depp-Clooney-Effekt testen. Wie ich feststellen sollte, handelt es sich allerdings ledig-lich um den Depp-Effekt, und zwar nicht den Johnny-Depp-Effekt, sondern den Der-letzte-Depp-Effekt!

Ich ging zur Liebsten, die gerade Besuch von einer Freundin hatte. Als sie mich sahen, fingen die beiden Damen vor Lachen an zu kreischen. "Was hast du denn da aufm Kopf?"

"Naja", sagte ich, "zugegeben: Sie ist nicht beson-ders hübsch, aber wartet ab!" Und ich klappte den Aufschlag herunter, präsentierte mich in all meiner Schönheit, drehte mich mit ausgestreckten Armen und fragte: "Na, wer bin ich wohl jetzt? Fünf mal dürft Ihr raten!" Und wie aus einem Mund kam die Antwort: "Bud Spencer!"

Einigermaßen erschrocken wusste ich erst nicht, was das nun bedeuten sollte, sagte aber nur: "Nein, falsch. Versucht's noch einmal!" Und sie machten weiter, abwechselnd, und ihre Laune wurde immer besser dabei. "Helmut Kohl!"

"Nein!"

"Der späte Marlon Brando!"

"Nein!"

"Liz Taylor"

"Nein!"

"Joschka Fischer, in der fetten Phase?"

"Nein!"

"Hella von Sinnen!"

"Nein!"

Es reichte. Es funktionierte offenbar nicht so, wie ich es mir vorgestellt hatte. Die Frauen lagen kreischend auf dem Sofa, strampelten wild mit den Beinen und quietschten vor Vergnügen, aber mir war die gute Stimmung vergangen. "Das waren schon sechs Versuche, und Ihr habt es nicht erraten! Ihr habt verloren!" Beleidigt drehte ich mich langsam um und ging aus dem Zimmer.

Die Deppmütze wurde nicht der Renner. Schon gar nicht als raffiniertes Reizwäschestück. Lange Zeit setzte ich sie nur auf, wenn alle anderen in der Wäsche waren. Was sehr, sehr selten vorkam. Trotzdem erinnerte sie mich immer, wenn ich sie im Schrank hängen sah, an die peinliche Szene, als die Mädels sich nicht mehr einkriegen konnten vor Lachen, und sie lachten mich aus! Deshalb hab ich die Mütze jetzt meiner Mutter geschenkt. Soll sie doch glücklich werden damit!

Einmal

Einmal abends nicht müde sein

Einmal feiern
was das Zeug hält und
keine Furcht vorm nächsten Morgen haben

einmal gefeiert haben
ohne an den nächsten Morgen zu denken
und es nicht bereuen

einmal gelassen sein
in Zeit und Raum
und das auch so fühlen
wow, ich habe Zeit
ich habe Raum
ich bin frei
ohne mir ständig vorzustellen
ich könnte jetzt dieses
oder jenes tun
arbeiten zum Beispiel

einmal mich nur freuen
von Zweifeln keine Spur

einmal nicht das Geld im Kopf haben müssen
kein Scheißökonom sein
einmal wieder so leidenschaftlich lieben
wie vor der ganzen Verantwortung
einfach drauflosvögeln
am helllichten Tag

einmal ausschlafen
so lang wie ich mag

einmal einen richtig guten Milchpreis kriegen
der alle Kosten deckt
und sogar noch Geld verdient
jetzt fang ich an zu spinnen

einmal glücklich sein
für mehr als nur Sekunden
doch es gibt kein Glück
höchstens glückliche Stunden

einmal die Glotze auslassen
ein gutes Buch lesen
abends in der Stube
und nicht nur auf dem Klo
einmal wieder
im Bett verloren gehen
mich nur langsam wiederfinden
ganz langsam

einmal ein schlechtgelauntes Gedicht schreiben
ohne mich zu fragen
ist das jetzt die Midlifecrisis?

Bethanal-Kruse

Mir wird sowieso keiner glauben. Aber ausnahmsweise ist das, was ich jetzt erzählen will, nicht komplett erstunken und erlogen, sondern enthält einen Kern, der ebenso traurig wie wahr ist.

Wir schrieben das Jahr 1988. Ich war Lehrling, in der Ausbildung zum Landwirt. Ich hatte prachtvolles Haupthaar, einen Vollbart Marke Waldschrat und eine Lehrstelle auf dem einzigen ausbildenden Biohof weit und breit. Das entband mich jedoch nicht von der Pflicht, an überbetrieblichen Ausbildungsbausteinen teilzunehmen, und seien diese auch an der Däula (das steht - so glaube ich - für: Deutsche äußerst unangenehme landwirtschaftliche Anstalt), und seien diese auch zum Thema Pflanzenschutz.

Wir hatten zwei Wochen lang Blockunterricht. Die Däula bezeichnete sich selbst als Internatsbetrieb. Ich dachte eher an einen Jugendknast, ein Gefängnis für junge Leute, deren einziges Vergehen es war, eine landwirtschaftliche Lehre begonnen zu haben. Es gab den schlimmsten Kantinenfraß, den man sich vorstellen kann. Die Fenster waren vergittert, die Außentüren abgeschlossen, und um halb neun musste man im Bett sein, sonst gab es Ärger von den schlagstockschwingenden, schwarzgekleideten Sicherheitsdienstlern, die auf den Gängen patrouillierten. Zum Glück war ich Freigänger. Ich hatte der Anstaltsleitung erzählt, ich sei zuhause unabkömmlich, ich müsse beim Melken helfen. Sie hatten mir geglaubt. Ein Glück. So pendelte ich jeden Tag zur Däula und zurück.

Teilweise war der Unterricht gar nicht schlecht.

In der ersten Woche ging es um Landtechnik allgemein. Pressen, Mähdrescher, Drillmaschinen, das ganze Geschleuder. Manchmal durften wir auf dem nebenan gelegenen, totgewirtschafteten Idiotenacker ein wenig pflügen üben, und in der Pause fuhren wir, wenn der Sicherheitsdienst nicht guckte, mit den Däula-Treckern Rennen um die großen Hallen. In der zweiten Woche hatten wir Pflanzenschutzunterricht. Wir waren gespannt. Gerüchteweise hatten wir gehört, der Pflanzenschutzlehrer pflege in seinem Unterricht ausgewählte chemische Pflanzenschutzmittel zu sich zu nehmen. Sein Spitzname sei "Bethanal-Kruse". Wir hatten ja schon viel gehört, aber das glaubten wir nicht; nicht einmal Eggert, Vorsitzender der Kreislandjugend Rendsburg-Eckernförde, glaubte das. Und dem konnte man wirklich jeden Scheiß erzählen.

Wir saßen im Klassenraum. Dann kam er rein, ein älterer, grauhaariger Herr, wahrscheinlich kurz vor der Pensionierung stehend, in olivgrünen Jägerloden, mit albernen Kniebundhosen und zopfgemusterten Kniestrümpfen. Ich musste so lachen, dass ich mich an meinem Kaffee verschluckte. Er schrie mich an: "Wer hat Ihnen erlaubt, im Unterricht zu trinken, Hippie?" Schlagfertig wie sonst nie sagte ich: "Ich hörte davon, dass Sie das selbst immer tun." Er ging nicht darauf ein, packte seinen Aktenkoffer auf den Tisch und legte los. Er brüllte: "Meine Herren: Das einzige, was Sie im Umgang mit Pflanzenschutzmitteln nicht haben dürfen, ist:", und er machte eine rhetorische Pause, dann brüllte er noch einmal so laut: "ANGST! Glauben Sie nicht den Grünen, den Hippies und Greenpeace und wie die alle heißen! Die haben keine Ahnung! Die haben noch keinen Schweißtropfen in der Landwirtschaft verloren! Und wollen uns erzählen, was gut und was schlecht ist!"

Die ganze Zeit glotzte er mich an; ich hatte keinen Schimmer, warum. Dann setzte er sich, schwieg einen Moment lang, dann sagte er: "99 Prozent aller Pflanzenschutzmittel sind völlig ungefährlich! Man könnte sie ohne Bedenken trinken! Ich werde es Ihnen beweisen!" Er klappte seinen Koffer auf, holte eine Flasche Bethanal und ein paar Plastikschnapsgläser heraus und goss sich einen ein. "Schauen Sie her: Nicht lang schnacken, Kopf in Nacken! Prost!" Und er kippte sein erstes Glas Bethanal. "Haben Sie genau hingesehen? Für die Penner mach ich es noch mal!" Und wieder goss er sich ein. Seine Laune wurde immer besser dabei. So gut, dass er uns jetzt auch einen anbot: "Na, meine Herren, wer trinkt einen mit mir? Nur zu! Keine falsche Bescheidenheit!"

Aber keiner wollte. Nicht einmal Landjugend-Eggert hatte Durst. Das vermieste Herrn Kruse augenblicklich die Stimmung. Er fing an zu zetern, ja, er redete sich richtig in Rage: "Ja, ist denn das zu fassen? Meine Herren, Sie verletzen mich! Sie weisen meine Gastfreundschaft zurück? Ich glaube, Sie sind zu verwöhnt! Wir damals, im Krieg und in der schlechten Zeit danach, wir wären froh gewesen, mal einen Schluck Pflanzenschutzmittel genießen zu dürfen! Aber, mein Gott, Sie scheinen das ja nicht nötig zu haben! Haben Sie eigentlich schon gedient?" Und er kippte noch einen.

Just in diesem Augenblick klingelte es zur Pause. Ein Segen. Ich ging zum Sekretariat und simulierte eine akute Durchfallerkrankung. Ich durfte nach Hause. Den Rest der Woche schwänzte ich und mistete alle unsere Kälberboxen aus. Das war entschieden sinnvoller als Pflanzenschutzunterricht bei Bethanal-Kruse. Leider werde ich deshalb niemals erfahren, ob es tatsächlich Bethanal war, was Bethanal-Kruse aus seiner

Bethanal-Buddel trank.

Bei der Abschlussprüfung der Landwirtsausbildung sollte ich an einer Spritze deren Funktionsweise erklären. Natürlich hatte ich keinen Schimmer. Ich überlegte kurz und sagte: "Ich hab keine Angst!" Schon hatte ich bestanden. Genauer wollten sie es nicht wissen. Was für ein Glück!

Bauer auf Mallorca

Hier müsste man mal Steine sammeln
und herrje!
um all die Mandel- und Olivenbäume rumzupflügen
macht bestimmt auch keinen Spaß

die Erde leuchtet so braun
wie das Fell unserer rotbunten Kühe

die Schafe haben Glocken um den Hals
das Gebimmel macht einen ganz
kirre im Kopf

die Bauern hier
haben andere Mützen
und die Haut ist nicht rot
sondern braun und faltig
doch alle gucken so wie wir
daheim
so bitter

die Trecker haben keine Kabinen
man sitzt im Freien
auf seinem John Deere
oder Massey Ferguson
was anderes gibt es hier nicht
keine ordentlichen Traktoren
weit und breit

meine Kinder malen mir Bilder
mit Kühen drauf
damit ich die Sehnsucht aushalten kann

doch es geht mir gut
nach wenigen Tagen schon
habe ich Pianistenfinger
na ja fast
lang und glatt und zart
die Liebste rennt nicht mal
schreiend weg
wenn ich sie streicheln will

also streichel ich

Tourist bin ich
wie viele andere
ungeniert sitz ich auf einem Felsen
und seh den Bauern bei der Arbeit zu

wie pittoresk
die Trecker um die Bäume wuseln
wie malerisch
der Schweiß fließt

Mallorca ist ja soo wundervoll

wenn man da nicht arbeiten soll

Stroh und Mist

Wenn ich an Stroh denke, denke ich nicht zuerst an Arbeit. Ich denke an volle Strohböden, ich denke an kleine, rechteckige Hochdruck-Strohballen, die zu Hunderten und Tausenden, Hunderttausenden unseren alten Höhenförderer hochgefahren sind, um unsere Böden zu füllen, jedes Jahr aufs Neue, wieder und wieder. Ich denke nicht an die großen Quaderpacken, ich denke auch nicht an die großen Rundballen - das ist Stroh, welches sich ohne maschinelle Hilfe nicht bewegen lässt, und das ist ungeeignet für alle jene Zwecke, zu welchen sich die kleinen Ballen anbieten: als Baustoff für gemütliche Räuberhöhlen, als Sitzmöbel für Parties, als Liegewiese für die Nächte danach, und wenn sie kaputt sind, dann tut man sie einfach ins Lagerfeuer. Die großen Ballen - ob rund, ob eckig - sind zwar in vielerlei Hinsicht praktisch, aber sie sind ebenso unromantisch. Das weiß jeder, der mal versucht hat, auf ihnen rund ums Lagerfeuer zu sitzen. Ihre Anwendungsmöglichkeiten sind doch arg eingeschränkt: Außer raufklettern oder sich dahinter verstecken läuft da nicht viel. Dafür kann man sie allein einfahren und stapeln - nur mit dem Trecker und dem Anhänger, ohne fremde Hilfe.

Gerade die fremde Hilfe aber ist es, die mich mit so warmem Gefühl ans Strohfahren denken lässt. Was waren das für goldene Tage in der heißen Sonne, wir waren glücklich, wenn ein kleiner Wind wehte, und meine Freunde waren da und packten mit an, für einen kleinen Hungerlohn, ein paar Flaschen Bier und ein ausgedehntes Abendmahl. Diese Freude, gemeinsam etwas zu tun, etwas zu schaffen und alle dabei. Wir scherzten, wir lachten, und in den Pausen spielten wir auf dem Hof Fußball. Sogar P.C., der stets schwarz gekleidete The-Cure-Fan, von dem meine Mutter immer sagte, er sehe aus wie ein Pastor, dabei war er so ziemlich das Gegenteil davon, sogar P.C. kam immer zum Helfen. Natürlich zog er seinen schwarzen Mantel nicht aus - das tat er eigentlich nie - aber er feixte, gröhlte und alberte mit uns wie alle anderen auch, so sehr, dass der The-Cure-Sänger und Vorzeigegruftie Robert Smith es gewiss nicht gut gefunden hätte.

Vielleicht, so fällt mir gerade auf, male ich hier etwas zu rosarot. Klar, oft war es schwierig, genügend Leute zusammen zu kriegen, aber eine Unterzahlsituation spornte uns - genau wie im Fußball - noch mehr an. Vor so einem bisschen Stroh gingen wir doch nicht in die Knie! Und nur einer meiner früheren Freunde hat noch heute schlechte Erinnerungen an die Strohernte, weil er einmal zugesagt hatte und dann doch nicht gekommen war. Das hatte meine Mutter ihm übel genommen und ihm bei nächster Gelegenheit das Ohr umgedreht, ihn lautstark als "Utnutter!" beschimp- fend. Noch heute hat er das blanke Entsetzen im Blick, wenn er meine Mutter trifft.

Hinterher, nach der Arbeit, wenn es kühler war und Feierabend, dann saßen wir beisammen, im Garten, in der Dämmerung, und klönten und schnackten und klönschnackten, bis das Bier alle war oder wir noch kurz zum See fuhren, zum Nacktbaden im Dunkeln. Dann zog sogar manchmal P.C. seinen schwarzen Mantel aus, zur Feier des Tages.

Noch heute sind die Tage der Strohernte schöne Tage. Das Korn ist geerntet, die Schecks sozusagen unterwegs, und mein Vater sitzt auf dem Trecker mit der Presse. Dabei macht ihm niemand etwas vor.

Und Freunde haben wir auch noch, die zum Helfen kommen, weil wir ihnen auch mal helfen, weil sie manchmal einen Trecker oder Stroh für Parties oder Karnickel oder sonstwen brauchen oder weil sie es einfach gerne tun; denn es bringt Spaß und hält fit - besser als jede miefige Muckibude, in der man virtuell radfahren oder ähnlich bescheuerte Sachen machen kann, wobei man natürlich nicht "Rad fahren" oder "Heimtrainerwackeln" dazu sagt, sondern "Spinning". Und das ist es: Die spinnen, die Muckibudenfuzzies.

Ich denke ans Höhlenbauen, als ich ein Kind war, ich denke an Kinderspiele auf dem Strohboden - ans Verstecken, an Räuberbanden, an Flaschendrehen, als wir älter waren und erste Küsse tauschten. Ich denke daran, wie ich bei meinem Vater auf dem Trecker mitfuhr und müde wurde, und Papa hielt mich fest und passte auf, dass ich nicht hinunter fiel. Dann kam Mutter mit Kaffee, Kuchen und Käsebroten zur Koppel; es wurde Pause gemacht, und so saßen wir im Stoppelfeld, aßen und tranken, und es war still, nur der Lärm der Straße drang leise herüber.

Wenn ich an das alles gedacht und es mir darin ausreichend gemütlich gemacht habe, dann erst denke ich an die Arbeit. Wobei das Füttern von Stroh oder das Einstreuen keine wirkliche Arbeit ist; denn es geht leicht von der Hand, und besonders das Einstreuen ist eine wahre Freude, wenn ich mir die Zeit und Ruhe nehme, nach getaner Arbeit ein paar Minuten am Gatter stehen zu bleiben und den Kälbern beim wilden Toben im frischen Stroh zuzugucken. Das ist eine Freude, einer jener Momente, die selbst den miesesten Tag veredeln können.

Die richtige Arbeit beginnt erst beim Ausmisten, vor allem dann, wenn es von Hand geschehen muss, mit Forke und Schubkarre. Dabei gilt: je länger das Stroh, desto härter der Job. Der blöde Mist hält zusammen wie Pech und will sich einfach nicht voneinander trennen lassen. Man kann ihn praktisch weinen und wehklagen hören; es gibt herzzerreißende Abschiedsszenen, und es dauert Ewigkeiten, bis endlich die erste Forke voller Mist auf der Schubkarre landet. Das ist Knochenarbeit, man schwitzt und keucht wie blöd und schiebt deshalb vor allem das Misten von Laufstallboxen so lange vor sich her, bis es gar nicht mehr anders geht, bis man einfach ran muss, weil die Tiere sich sonst bald entweder dauerhafte Haltungsschäden holen oder sich den Kopf an der Decke stoßen würden. Dann gibt es keine Ausrede mehr, dann muss es sein, und der Bauer ächzt und beneidet alle jene, die neue Ställe haben, in welche man bequem mit dem Trecker oder dem Hoflader hineinfahren und maschinell ausmisten kann.

Neuerdings jedoch macht selbst das Ausmisten von Hand mir wieder Spaß. Ich mache es jetzt immer gemeinsam mit meinem besten Freund Dieter. Wir verabreden uns, dann schwitzen wir gemeinsam und versuchen uns, was Schnelligkeit, Ausdauer und Spannkraft angeht, gegenseitig zu übertreffen. Und gerade, wenn ich wieder keine Lust haben will oder mein alter, krummer Rücken anfangen will weh zu tun, fallen mir wieder die Heimtrainerwackler in der miefigen Muckibude ein, die spinnenden Spinner, und ich bin ja wirklich so was von glücklich, einen realen und keinen virtuellen Stall auszumisten, in meiner Muckibude, die ganz echt und authentisch nach Kuh riecht und nicht nur nach künstlichem Kuharoma.

Bauernfreuden

mit Mühe früh aufstehen und dann
einen wundervollen Sonnenaufgang erleben

tobende Kälber
tobende Kühe
tobende Kinder
Bauernhofkinder

junggebliebene Altbauern
auch im Kopf
die anpacken, nicht meckern
und auch anpacken, wenn sie meckern

nebelverhangene Wiesen
darin die Kühe suchen
und finden

in Ruhe frühstücken
Kaffee, Unmengen Kaffee
Klönschnack
frische Milch
Zeit haben und Ruhe

ackern und nachdenken
über Gott und die Welt
oder nur die Welt
den Motor abstellen und
endlich wieder hören
was sich sonst noch so tut

Silo reinfahren
mit Tee und Keksen
auf dem Trecker
Deutschlandfunk im Radio

die Bauernstimme
bequeme Gummistiefel

säen und ernten
Glück haben mit dem Wetter

nach einem langen Winter
die Stalltüren öffnen
erst dann beginnt der Frühling
die Kühe so wild
laufen springen hüpfen
tanzen ja tanzen
die Euter himmelwärts

Zärtlichkeiten unter Kühen
wenn sie sich ablecken
mit rauen Zungen

die wohlige Ruhe im Stall
nach dem Füttern
wenn alles mampft

einmal abends nicht müde sein

etwas repariert zu haben
und es funktioniert tatsächlich

in die Stadt fahren

heimkommen

Liebe
immer wieder Liebe

um nur einiges zu nennen

Steine sammeln

Es war ein schöner Tag im Mai. Eigentlich Zeit zum Gras mähen, aber die Wetteraussichten waren schlecht. Die Zeit bis zum Regen wollte ich nutzen. Auf dem Haferacker mussten noch Steine gesammelt werden; denn Steine, die in den Mähdrescher geraten, tun dem gar nicht gut.

Ich brauchte Hilfe. Am Mittagstisch fragte ich die Liebste, ob sie mitmachen würde. "Klar!", sagte sie, "Die Kinder können doch auch helfen! Wir machen eine Familienaktion daraus!" Zunächst herrschte ungläubiges Schweigen am Tisch, nur Jon, der jüngste von allen, fragte: "Blauchen wir da den Tlecker? Au ja, Tlecker fahlen!" Langsam begriffen auch die anderen Kinder den Ernst der Lage. Peer sagte: "Ich, ääh, hab heute keine Zeit!"

"Wieso?", fragte Birte. "Ich, ääh, muss, ääh, spielen!" Und Nora klagte in unvorstellbar weinerlichem Ton: "Das ist fiese. Ungerecht. Warum gerade wir? Warum mussten ausgerechnet wir als Bauernkinder geboren werden? Alle anderen spielen, und wir müssen schuften, schuften, schuften!"

Nur, um Missverständnissen vorzubeugen: Es war das erste Mal, dass wir sie baten, auf dem Hof zu helfen. Marie sagte noch: "Wisst ihr eigentlich, dass Kinderarbeit verboten ist? Ihr Ausbeuter! Unsere kleinen Seelen nehmen Schaden! Ihr raubt uns die glücklichen Jahre unserer Kindheit!" Und sie drückte sich eine kleine Träne aus dem Augenwinkel, nachdem sie sich zuvor heftig die Augen gerieben hatte. Und Peer setzte sich im Schneidersitz mitten in die Küche und

sagte: "Pöh! Ich mach gar nix! Ich bleib hier sitzen!"
Etliche weitere Gören folgten seinem Beispiel. Wir
hatten die erste veritable Sitzblockade in unserer
Küche. Um die aufzulösen, entschied sich der von
Birte und mir geleitete Krisenstab für eine behutsame
Deeskalationsstrategie.

Nach kurzer Beratung machten wir ein Angebot.
"Hört zu!", so sprach ich, ganz ruhig: "Wir leben nun
einmal auf einem Bauernhof. Da gibt es immer viel
zu tun. Aber wir leben alle davon. Und wir machen
ständig was für euch, fahren euch zum Sport und so,
da ist es wohl nicht zu viel verlangt, wenn ihr uns
auch mal helft. Wir machen am Waldrand auf dem
Acker auch ein schönes Picknick, versprochen!" Die
aufständischen Zwerge schauten sich an und tuschel-
ten konspirativ miteinander. Dann sagte Nora, der
inzwischen ein Schnurrbart gewachsen war, so dass
sie aussah wie Jose Bove: "Einverstanden. Aber nur,
wenn wir richtig viele Schokoladenkekse mitnehmen
und nicht nur so ein staubiges Zwiebackzeugs!"

Puh, das war gerade noch mal gut gegangen. Die
Küchenblockade hatten wir gewaltlos aufgelöst. Alle
zogen sich Arbeitsklamotten und feste Schuhe an, und
ab ging es zum Haferacker, gute sieben Hektar groß.
Bei der Arbeitsbesprechung am Tisch hatte ich gesagt,
wir bräuchten etwa zwei Stunden, um mit dem Feld
fertig zu werden. Ich hatte die Zeit absichtlich ein
klein wenig optimistisch eingeschätzt, um die potenziellen Helfer überhaupt mit mir locken zu können.
Drei oder dreieinhalb Stunden waren realistischer,
aber hätte ich das gesagt, dann hätte das Geschrei
von Kinderarbeit und Ausbeutung bestimmt wieder
angefangen, und wahrscheinlich wäre gleich Bettina
Wegner reingerauscht, mit eiserner Miene "Sind so
kleine Hände" singend. Um das zu vermeiden, hatte

ich die voraussichtliche Arbeitszeit ein wenig nach unten manipuliert.

Wir fingen also an. Es ging noch so gerade eben. Der Hafer war zwar schon ziemlich hoch, aber man konnte die Steine noch sehen. Die Liebste fuhr den Trecker, und es sah sehr idyllisch aus, wie der Rest der Familie gemeinsam in vollendeter Harmonie durch das Getreide streifte, auf der Suche nach der steinernen Hinterlassenschaft der letzten Eiszeit. Sogar Jon suchte mit, kaum größer als der Hafer, aber voll mit dabei. Besonders spannend fand er, dass er sich mit erhobener Hand dem riesigen Trecker in den Weg stellen und ihn so anhalten konnte; denn Birte bremste auch für Kinder, und so konnte er seinen meist winzig kleinen Stein ganz in Ruhe in die Frontladerschaufel werfen. Diese Prozedur wiederholte sich etwa alle vierzig Sekunden, was unserer Flächenleistung etwas abträglich war. Wir kamen nicht recht voran.

Nach etwa einer Stunde begann die anfangs ruhige Stimmung zu kippen. Nora und Marie fingen an, sich mit Steinen zu beschmeißen, statt diese einer geregelten Frontladerschaufelentsorgung zuzuführen, und Peer blieb andauernd sitzen, bereitwillig seinem Forscherdrang folgend, auf der Suche nach seltenen Fossilien, die natürlich genau inspiziert werden mussten. Unser Tross zog sich etwas auseinander. Zeit fürs Picknick.

Während ich also kurz vom Acker fuhr, um die Frontladerschaufel auf dem großen Steinhaufen auszuleeren, von welchem sich schon seit Jahren Heerscharen von Häuslebauern die schönsten Exemplare wegholen, um daraus pottenlangweilige Friesenwälle in ihre Gärten zu bauen, zog der Rest der Familie sich an den Waldrand zurück, um sich zu stärken. Als ich wiederkam, waren sie alle weg.

Keine Spur mehr von ihnen. Ich dachte schon, sie wären mit den Schokoladenkeksen durchgebrannt, da kamen sie mit lautem Geheul aus dem Wald und stürzten sich auf mich und kitzelten mich gründlich durch, vor allem meinen Bauchschwabbel, an dem ich so fürchterlich kitzlig bin. Als sie mich fertig gemacht hatten, picknickten wir in Ruhe zuende. Das war schön. Die Kekse schmeckten hervorragend; die Sonne schien warm über die Knicks auf die Böschung am Waldrand. Es war schwer, wieder anzufangen. Die Kinder maulten, aber noch waren sie ruhig. Wir wollten jetzt was schaffen. Also blieb Jon jetzt bei Birte auf dem Trecker.

Es ging gut voran. Vereinzeltes Gemurre und Gemecker, aber wer Kinder hat, weiß, dass das normal ist. Nur Carla pöbelte nicht. Mit großartiger Freude holte sie Stein um Stein. Jeden einzelnen fasste sie so vorsichtig an, als sei er ein Wunder. Wir waren jetzt drei Stunden unterwegs. Eine davon war Pause gewesen.

Der Acker war jetzt zu gut zwei Dritteln abgesammelt. Wir hatten noch etwa eine Stunde zu tun. Nora, unsere manchmal etwas vorlaute zweite Tochter, die sich gegen die Sonne eine Mütze aufgesetzt hatte und jetzt ein bisschen so aussah wie eine Kreuzung aus Lech Walesa und Che Guevara, sah auf die Uhr, stellte fest, wie viel Zeit vergangen war, und rief den Generalstreik aus. Alle folgten ihrer Aufforderung. Transparente wurden entrollt, auf denen Slogans zu lesen waren wie: "Stoppt die Leibeigenschaft!" Oder: "Freiheit jetzt!" Oder: "Nieder mit dem Ausbeuterregime!"

Was tun? Ich sagte: "Oh, Leute, kommt, noch eine Stunde! Lasst uns das jetzt fertig machen!" Nora schnappte sich ein Megafon. "Das ist keine Verhandlungsgrundlage! Wir warten auf ein Angebot!", brüllte sie blechern. "Okay, ich versprech' euch, dass wir demnächst ins Kino gehen."

"Das reicht nicht! Wir machen nur weiter, wenn du nachher Döner für alle holst!" Und die ganze streikende Menschenmasse begann zu skandieren: "DÖNER! DÖNER! WIR WOLLEN DÖNER!"

"In Ordnung! Versprochen! Ich hole nachher Döner. Aber dann müsst ihr jetzt auch weitermachen."

"Na gut", megafonte es, da schnappte sich Marie noch einmal das Sprachrohr: "Und zum Nachtisch wollen wir Eis!" Die Menge echote: "EIS! EIS! WIR WOLLEN EIS!" So war es. Gibst du ihnen den kleinen Finger, dann wollen sie die ganze Hand. Vermaledeites Gewerkschaftspack. Ruiniert den Standort Deutschland. "So, meinetwegen auch Eis, aber nur ein kleines für jeden. Und jetzt an die Arbeit, Kollegen! Und keine Streiks mehr!"

Endlich machten wir weiter. Ich ärgerte mich. Die letzten zwei Drittel des Ackers hätten Birte und ich alleine machen sollen, statt uns von unseren Kindern über den Tisch ziehen zu lassen. Zum Glück ging es jetzt schnell dem Ende zu. Nur einmal noch hatten wir was zu lachen. Nora hatte sich extra eine Stelle ausgesucht, an der der Hafer besonders hoch stand. Plötzlich stöhnte sie leise auf, verdrehte leidend die Augen, so dass man nur noch das Weiße darin sah, dann versank sie mit einer vollendeten Pirouette im Haferbestand. Bittend und flehend streckte sie ihre Hand nach oben. Es war das einzige, was man von ihr noch sehen konnte. Wir beachteten sie nicht.

Als sie wieder hochkam, musste sie sogar selber lachen.

Das also war das erste Steinesammeln mit der Familie. Ich glaube, ab jetzt verzichte ich darauf! Soll der olle Drescher doch kaputt gehen! Ist ja nicht mal meiner. Gehört doch dem Lohnunternehmer...

Metrosexuell

Neulich las ich in der Zeitung, dass der Mann, der mit der Zeit geht, jetzt "metrosexuell" sei. Zuerst dachte ich, das hätte etwas mit der U-Bahn zu tun. Und weil die Liebste und ich schon mal in London waren und uns bestimmt auch in der U-Bahn geküsst haben, war ich mir sicher, auch metrosexuell zu sein, und zwar schon lange. Trendsetter also und noch dazu voll underground! Aber dann las ich weiter und begriff, dass es um Männer ging, die ihre "weibliche Seite" nicht ignorierten, sondern integrierten, wobei sich die Definition von "weiblicher Seite" allerdings offensichtlich beschränkt auf: viele Schuhe kaufen, extravagante Klamotten und Frisuren tragen und viele edle Körperpflegemittel anwenden. Als herausragendes Beispiel wurde Fußballer David Beckham genannt, Manchesters erfolgreichster Exportartikel seit Manchesterkapitalismus und Manchesterbüxen.

Und da fiel mir auf: Tatsächlich, auch ich bin metrosexuell. Neulich erst habe ich mir neue Gummistiefel geleistet, superbequem, mit Stahlsohle und -kappe, trotzdem leicht und schick im klassischen, zeitlosen Stil. Damit kann ich auch in die Disco gehen. Und dann sind da noch meine Arbeitssandalen, meine wunderbaren Arbeitsstiefeletten und meine Alessi-Gummischlappen.

Extravagante Kleidung - klar, neulich bekam ich einen Boss-Anzug geschenkt, den ich jetzt beim Treckerfahren auftrage. Das Label habe ich extra außen aufgenäht, damit jeder auf dem Hof sieht, wer hier das Sagen hat. Meine Frisur - nun ja, die ist nicht wirklich extravagant, aber so einen Mitten-auf-dem-Kopf-Zopf wie Beckham hätte ich in den späten Achtzigern auch gut gebrauchen können - dann hätte ich noch etwas mitbekommen von der Welt um mich herum. Und mein Lehrherr hätte nicht dauernd über mich sagen können: "Vorne ist , wo`s bellt, und hinten wackelt der Schwanz!", wobei das auf mich ja gar nicht zutraf; denn bei mir war und ist beides vorne.

Was mich aber wirklich zum Metro macht, zum Mega-Metrosexuellen sozusagen, ist der exzessive Gebrauch von edlen Körperpflegemitteln. Nichts geht über "Linda Handrein 2000". Wunderbar, diese Handwaschpaste, die so obercool nach Amaretto riecht! Und die grüne Eutersalbe - wie der Melkstand duftet! Ich kann nicht genug davon kriegen! Zuweilen schnüffel ich das Zeug aus Plastiktüten, werde wunderbar high davon und schwinge große Reden, in welchen ich das "Recht auf Rausch" ausrufe.

Um meine zarten Hände zu schonen, trage ich beim Melken Plastikhandschuhe - meine Mutter kriegte erst einen Lach- und dann einen Erstickungsanfall, als sie mich zum ersten Mal damit sah - und nachts mache ich mir Gesichtsmasken aus DLG-geprüftem Melkerfett. Und zur Mani- und Pediküre gibt es nichts Besseres als den echten Holzteer - Parfüm inklusive. Ein markanter Duft, fürwahr!

Ach ja, da fällt mir doch grade etwas ein. Kennt einer so richtig schicke Arbeitshandschuhe? Und hat einer einen guten Tipp, was jauchebeständigen Nagellack angeht? Welche Arbeitsjacke passt farblich sowohl zu fendtgrün als auch zu caserot? Und gibt es eine Agrarzeitschrift mit gutem Modeteil?

So viele Fragen und nirgendwo Antworten. Weder mein schwuler Therapeut aus der Stadt noch mein exklusiver Lifestyle-Berater haben einen Rat für mich.

Sie lassen mich in meiner Not einfach allein, mit all meinen ungelösten Problemen. Ich bin schon wieder voll in der Krise.

Wo soll ich mich nur hinwenden, in dieser schweren Zeit?

Ich weiß. Ach scheiße, ich geh jetzt shoppen. Ich ruf meinen Hoflieferanten an, und dann kaufe ich ihm für mindestens 500 Euro karierte Flanellarbeitsdessous und dicke schicke Norwegersocken ab! Solange, bis es mir besser geht... vielleicht hat er auch noch voll krasse stylische Arbeitsschuhe dabei. Mann, das wäre cool, und mir ginge es wieder besser. Schatz, Liebste, wo ist das Telefon? Und wo ist die Nummer von "Sophisticated Work Fashion Horst-Erich Eggers?" Ich brauch die jetzt! Es geht um Leben und Tod!

Hart wie Marmelade

In meiner Grundschulzeit war ich weich. Weich wie ein Drei-Minuten-Ei, aus dem das Eigelb so eklig schleimig rausläuft, wenn man mit dem Löffel reinlöffelt. Ich spielte sogar mit Mädchen. Nein, schlimmer noch: ich spielte fast nur mit Mädchen.

Dann kam ich aufs Gymnasium nach Plön. Ich armer Sextaner heulte fast jeden Tag, weil plötzlich nicht mehr drei Dutzend, sondern Hunderte von Schülern auf meiner Schule waren und weil es jede Menge Quintaner gab, die sich einen Spaß daraus machten, mädchenhafte Sextaner zu ärgern. Trotzdem spielte ich noch mit Mädchen und wollte sogar beim Unterstufenchor mitsingen. Denn ich wusste schon lange, dass aus mir mal ein Star werden würde. Ich konnte nämlich alle Lieder der LP "The Beatles at the Hollywood Bowl" auswendig singen, in meinem Phantasie-Englisch, und simultan dazu versuchte ich das ohrenbetäubende Kreischen der Mädels - schließlich war es eine Liveplatte - in einer Art Obertontechnik hinzuzusamplen. Bei jedem Geburtstagsfest unserer weit verzweigten Familie musste ich auftreten; überall führten meine Eltern mich als den "Lütten Bietel" vor; ich quietschte, tanzte, schüttelte mein damals noch knallrotes Haar und spielte auf einem Federballschläger Gitarre. Die Großtanten kreischten dazu und bedeckten mich später mit nassen Küssen, was ich geschehen ließ, weil sie mir meist ein paar Mark - "Hier, Jung, hast nen Taler!" - zusteckten.

Also ging ich für meine Verhältnisse sehr selbstsicher zur Chorprobe und dachte, hej, hier kann ich zeigen, was ich kann! Wenn ich Tante Lene aus Kiel um den Finger wickeln kann, dann geht das auch mit dem Musiklehrer!

Herr Runke, der damals Chorleiter war, stand vorne und lauschte. Jeder Junge, jedes Mädchen sollte etwas vorsingen. Ich dachte, hier müsse man wohl etwas anderes bringen als die Beatles. Mangels echter Alternativen entschied ich mich für "Meister Jakob". Ich wurde rot, das ungewohnte Repertoire, aber ich legte los: "Meister Jakob, Meister Jakob, schläfst Du noch?" Dazu schlug ich auf meiner Luftgitarre - ich hatte den Federballschläger nicht dabei - den wilden Rhythmus. Herr Runke bog sich vor Lachen. Als er sich wieder eingekriegt hatte, japste er noch einmal nach Luft und keuchte dann: "Also, du, bleib beim nächsten Mal bitte zu Hause, ja?" Und er schüttelte sich noch einmal und dann nur noch den Kopf. Ich verstand, wenn auch widerwillig. Das war ja nun in der Tat frustrierend. Es war das Ende meiner Karriere als Chorsänger. Auch Mädchenmitspieler und Heulsuse wollte ich nicht mehr sein. Die Zeit des lütten Bietel war vorbei. Jetzt musste etwas anderes kommen.

Und es kam. Ich wurde cool; ich wurde ein Macker; ich trug schwarze T-Shirts mit Glitzerdrachen drauf. Mit vierzehn war ich ein ganz harter Hund. Zwar nicht "hart wie Kruppstahl, zäh wie Leder" - dieser Slogan war zwei Jahre zuvor abgelöst worden durch einen wunderbaren Pubertätssong von Extrabreit: "Ich bin hart wie Marmelade, ich bin zäh wie Himbeergelee". Später im Lied geht es dann doch noch um die glänzende zweite Haut: "Meine Hose tut, als wär' sie aus Leder". So einer war ich. Ich tat, als wär' ich aus Leder.

Meine Kumpels und ich tranken Bier; alle außer mir rauchten wie die Schlote - ich konnte anstellen, was ich wollte, ich hustete davon. In unseren Gesichtern blühte die Akne, und wir hörten Hardrock, ließen den Pony wachsen, rotzten alle paar Meter cool auf den Bürgersteig, so dass die Zunge schon zwischen den Zähnen festgewachsen war und wir alle unter dem gleichen erworbenen Sprachfehler litten: wir lispelten, wegen dieser blöden festgewachsenen Zunge zwischen den Zähnen.

Wenn wir uns in Plön zum Kinogang trafen (wunderbare Bud-Spencer-Filme wie "Buddy haut den Lukas!"), hatten wir unsere selbstbemalten Kutten diskret in Plastiktüten dabei, damit die Eltern nichts merkten. Wenn die um die Ecke waren, nix wie Kutten raus und hammerhart sein. Und also stand auf meiner Kutte: AC/DC, Motörhead und - ja - Status Quo, wobei das U und das O leider nicht mehr in die Reihe gepasst hatten - sie standen in der Zeile darunter, aber das war mir nur ein bisschen peinlich. Wenn wir redeten, war jedes zweite Wort "Aller"; wir sprachen eine Art Werner-Comic-Dialekt; wir waren eben einfach hart wie Marmelade.

Während wir nach der Schule auf den Bus warteten, versuchten wir, wenn Schnee lag, alten Männern mit Schneebällen die Hüte vom Kopf zu werfen. Lag kein Schnee, dann gingen wir zum Plöner See runter und vergifteten die gierigen Lachmöwen - Plöns Ratten der Lüfte - mit insektizidverseuchten Pommes. Sie lachten dann nicht mehr, nur wir lachten uns schlapp, wenn sie abstürzten. "Oh, Aller, guck ma, ey, voll der Stuka! Geil, ey!" Wir waren eben auch zäh wie Himbeergelee.

Doch alles änderte sich in der Adventszeit 1982. Es fing in einer ganz normalen Französischstunde an.

Herr Schmok - so hieß unser Lehrer; wir nannten ihn Max-Oddo - brachte einen alten Mono-Radiorecorder mit in den Unterricht. Wir durften alle unsere Kerzen rausholen - mit Feuer spielen war immer cool - und dann hörten wir französische Weihnachtslieder: "Petit Papa Noel, quand tu descendras du ciel, avec des jouets pars milliers, n`oublie pas mon petit soulier."

"Och Aller, wo ist das Riff? Wo ist das Solo? Wieso kreischt der Sänger nicht?" riefen wir, aber wir hörten die Kassette nochmal, und Max-Oddo sagte: "Wenn ihr wollt, dann versucht mal mitzusingen." Und er selber sang vor. Er stand dort vorne, in seinem eisgrauen Anzug, wie immer steckte der breite Schlips mit der Spitze in seinem Hosenbund. Er dirigierte uns mit leichter Hand, sein Scheitel verrutschte, bald sah er aus wie ein Meisterdirigent, das silbergraue Haar flatterte ihm um den Schädel, und die ersten Mädels fingen an mitzusingen. Bald ertönte auch der engelsgleiche Gesang jener Bräute, von denen wir was wollten, und leise, zaghaft, schamhaft zuerst, später mit wachsender Lautstärke und Begeisterung brummten wir mit und taten so, als läge der Stimmbruch schon hinter uns, dabei hatten wir gerade mal den ersten Flaum am Sack. "Petit Papa Noel, quand tu descendras du ciel, Oh Aller, avec des jouets pars milliers, n`oublie pas mon petit soulier..." Und Max-Oddo lächelte sein seliges Schweinebackenlächeln, von einem Ohr bis zum anderen, und in jeder Französischstunde bettelten wir darum, wieder singen zu dürfen.

Unsere harten Herzen wurden wieder weich, ganz allmählich, und nach zehn Mal "Le petit tambour" (oder wie auch immer "Little Drummer Boy" auf Französisch heißt) taten uns selbst die Möwen wieder leid. Das E605 ließ Hinschi jetzt wieder zuhause, in der Giftkammer des Gutshofes, und die verbliebenen

Ratten der Lüfte kriegten am vorletzten Schultag vor Weihnachten eine Extraportion Pommes rot-weiß als Wiedergutmachung. Ohne Gift, versteht sich.

Und als am letzten Schultag wie in jedem Jahr der Schulchor unten vor dem Lehrerzimmer Weihnachtslieder sang, und überall im dreistöckigen Schulgebäude saßen die Klassen bei offenen Türen und schwiegen und lauschten, und der glücklichmachende, vielstimmige Schall floss durch die Flure, kroch über die Treppen, strömte durch die Türen direkt in unsere Herzen, in mein Herz, da war meine marmeladenharte Phase mit einem Schlag vorbei, und eine einsame Träne kullerte mir die Pickelfresse hinunter. Es sollte nicht die letzte gewesen sein.

Heute bin ich - wie man so sagt - nah am Wasser gebaut. Wegen jedem Bisschen flenne ich rum. Vorgestern vor Wut, weil die beschissene Frontladerforke sich nicht anbauen lassen wollte. Kurz danach vor Schmerz , weil ich die Forke getreten hab, die alte Sau, und dabei tat ich mir verdammt weh. Ich heule vor Trauer, jedes Mal, wenn ich höre, dass wieder ein Bauer seinen Hof aufgibt. Ich weine vor Ärger, wenn wir mit Wankendorfs Altherren gegen Bokhorst oder Bornhöved verlieren. Und manchmal fließen die Tränen auch vor Glück, vor mich plötzlich überwältigender Liebe oder vor Rührung.

Wie neulich. Die Liebste und ich kriegten von Peer einen Gutschein geschenkt. Wenn er irgend etwas ausfrisst, dann gibt es für ihn manchmal die Strafe, dass er für eine Zeit seinen Gameboy abgeben muss. Und scheinbar hat Peer es so empfunden, dass es für uns immer ein ganz tolles Erlebnis ist, wenn wir seine Spielmaschine konfiszieren. Deshalb schenkte er uns zu Weihnachten einen "Gutschein für einmal Gameboy- Einsacken". Wir guckten uns an, dann lachten wir, dann heulten wir, und ich mittenmang.

Ich glaube, ich bin schon fast wieder so mädchen-haft wie zu Grundschulzeiten. Aber jetzt muss ich Schluss machen. Ich bin nämlich mit meiner Tochter verabredet, zum Gummitwist...

Schwarzer will raus

eine Kuh in unserem Stall
Schwarzer heißt sie
denn sie ist
schwarz wie die mondlose Nacht
klein zäh genügsam
flink und lebendig
immer die erste am Futtertisch
ihre Milch so fett wie Sahne
aber nur eine Tasse voll

sie zeigt wenig Leistung
und viel Charakter

wir mögen sie einfach
deshalb darf sie bleiben

Schwarzer hat nun
etwas Neues gelernt
sie kann jetzt die Stalltüren öffnen
mit ihrem Flotzmaul schiebt sie
ganz einfach
die Riegel beiseite

jeden Morgen
steht sie nun
in der offenen Tür

nur durch ein Schwenkgitter
von ihrer Weide ferngehalten
steht sie da
schaut nach draußen
hält die Nase in den Wind
traumverloren
so scheint es

jeden Morgen
gehe ich zu ihr
klapse ihr auf
den schwarzen Po
und flüstere ihr zu

Geduld Schwarzer
noch ist es nicht soweit
aber bald
hör mal
die Vögel singen wieder
und die Zeit der dicken Socken
ist auch schon wieder um

bald Schwarzer
ist der Winter vorbei
und du tollst wieder
über Wiesen und Felder
durch Gras und Klee

außerdem verspreche ich dir
bei meiner Bauernehre
sobald es trocken wird
dürft ihr raus
euch die Füße vertreten
oder ein bisschen toben

und im nächsten Winter
habt ihr einen Laufhof
mit Blick auf die Autobahn

da ist immer was los
da gibt`s immer
was zu gucken

Die Verwandlung
(und wie es dazu kam)

Oh, wie ich sie hasste. Die Motorlaufenlasser.
Gut, sie sind weniger geworden. Es gibt nicht mehr so viele; es ist seltener zu beobachten, dass vor dem Bäckerladen die verlassenen Autos vor sich hin qualmen. Aber es gibt sie immer noch, vereinzelt, aber stolz und ungebrochen frönen sie ihrer Leidenschaft. Ein einmal gestarteter Motor wird nicht wieder gestoppt, basta!

Das hat mich immer gestört. Schon als sechzehnjähriger pilzköpfiger Schüler. Ich stand auf unserer Autobahnbrücke und wartete auf einen Freund, der mich zur Schule mitnehmen wollte. Es war Winter, aber es war nicht besonders kalt. Dann kam der Unimog des Straßenbauamtes. Vier Männer darin. Sie hielten auf der Brücke an, packten ihre Thermoskannen und Brotpakete aus, schlugen die Zeitung mit den großen Buchstaben auf und machten ihre Frühstückspause. Den Motor ließen sie - natürlich - laufen.

Ich stand wenige Meter daneben. Es stank nach Diesel, nach Abgasen. Ich nahm all meinen Mut zusammen und ging zur Tür des Unimogs. Der Fahrer kurbelte das Fenster runter. "Is' was?"

"Äh", begann ich etwas schüchtern, "würden Sie bitte Ihren Motor abstellen?"

"Nö." Fenster zu, Thema durch. Aber so schnell gab ich nicht auf. Ich klopfte an. Er kurbelte das Fenster runter. "Finden Sie es wirklich notwendig, dass Sie die ganze Zeit den Motor laufen lassen?" Aus leeren Augen blickte er mich an. Dann wandte er sich an seine Kollegen. "Habt Ihr was gehört?"

"Nee!" schallte es wie aus einem Mund, dazu Gelächter. Einer beschmiss mich mit dem Rest eines Apfels. Dann ging die Scheibe wieder hoch.

Das war eine Niederlage. Kein Zweifel, ich hatte verloren. Jedenfalls hatte ich nicht das erreicht, was ich wollte. Irgendwie traurig wandte ich mich um. Der Motor des Unimogs schnurrte im Leerlauf. Zwar hatte ich den dämlichen Frühstückern jetzt den Rücken zugedreht, aber ich wusste, dass sie sich gerade köstlich über mich amüsierten. Voller Wut brüllte ich fieseste Verwünschungen in mich hinein. Eine heiße Träne lief mir über die Wange. Zum Glück wurde ich jetzt abgeholt.

Das war ein Schlüsselerlebnis. Das habe ich mir gemerkt. Noch lange hatte ich eine Abneigung gegen Unimogs und ihre so hässlich orangefarben gekleideten Stullenfresser.

Aber sie sind nicht allein. Nie werde ich die große Bauerndemo vergessen, als sie ausgerechnet mit einem riesigen Treckerkonvoi durch die Kieler Innenstadt fuhren, um gegen zu hohe Dieselpreise zu demonstrieren. Ein Trecker größer als der nächste, blitzsauber, mit allen Schickimickis, so tuckerten sie durch die Stadt und hinterließen eine blauschwarze Abgaswolke. Und als irgendein Grüner sagte, ein Liter Benzin müsse 5 DM kosten, da fingen alle an zu weinen, ketteten sich an ihre Reifen und wehklagten, sie wüssten nicht mehr weiter und müssten ihre Trecker nun ins Heim geben.

Nein, nein, alles unglaubwürdig. Solange es noch Bauern gibt, die einmal morgens ihren Trecker anschmeißen, erst abends wieder ausmachen und dazwischen jedes Abstellen des Motors mit dem Argument ablehnen, das lohne ja doch nicht - solange ist der Sprit viel zu billig, denke ich, aber schon der nächste Gedanke ist: Scheiße, wenn der Sprit teurer wäre, müsste ja auch ich mehr dafür bezahlen! Und schon denke ich mir differenzierte Kraftstoffpreismodelle aus: Die doofen Verschwender müssen viel bezahlen, nur für mich gibt es ab sofort Diesel und Benzin zum Nulltarif, als Entschädigung für damals, als ich heulte vor Wut, auf der Autobahnbrücke. Aber an die Öffentlichkeit wage ich mich mit diesem bahnbrechenden Vorschlag nicht; er erscheint mir noch nicht recht ausgegoren.

Trotzdem: die allerorten ständig tuckernden Schleppermotoren fallen mir auf die Nerven.

Beim Beladen des Güllewagens - der Trecker läuft.
Beim Beladen des Miststreuers - der Motor brummt.
Beim Schnacken am Weidezaun - die Maschine öttelt.
Beim Pinkeln am Feldrand - das Ackermoped rumpelt.
Es gibt keine landwirtschaftliche Tätigkeit, bei der man sich nicht vorstellen kann, dass währenddessen der Trecker läuft. Das muss so eine Art Bauernstolz sein - ein freier Bauer dreht den Schlüssel nicht links herum, ein freier Bauer zieht nicht am Knopf; das tun nur Knechte und Leibeigene, Unfreie also.

Bis neulich hatte ich kein Problem damit. Immer machte ich ganz fix meinen Trecker aus. Kürzlich tat ich es wieder; ich drehte links herum. Ich stand am Feldrand, vier Kilometer vom Hof weg; es dämmerte schon. Ich wollte Silageballen holen. Es regnete. Ich hatte nur einen Pullover an und das Mobiltelefon natürlich nicht dabei. Und ich musste pinkeln. Ich drehte den Schlüssel links herum, der Motor ging aus. Es war schön still. Leise fiel der Regen, die Luft war frisch, der Bach plätscherte. Es war schön. So stand ich und pischte in den Wind.

Dann setzte ich mich wieder auf den Trecker, drehte den Schlüssel rechts herum. Nichts tat sich.

Krrr. Der Anlasser war kaputt. Mist! Ich trat gegen den Trecker, aber das half auch nicht. Tat nur weh. Der Motor aber blieb aus. So konnte ich schön nach Hause laufen, zu Fuß, im Regen. Das Wasser auf der Haut fühlte sich echt cool an. Zu allem Überfluss kam dann im letzten Tageslicht noch der Gutsbesitzer vorbei, mit seinem fetten Geländewagen, bestückt mit einem chromblitzenden Bullfänger vor dem Kühlergrill sowie richtig breiten Allwetter-country-life-ich-schmeiß-dem-Bauern-Dreck-in-die-Fresse-Profilreifen. Er hatte mich gesehen und war, um mir Platz zu machen, liebenswürdigerweise von der Spurbahn des Betonplattenweges heruntergefahren. Aus der Schießscharte seines elektrisch betriebenen Seitenfensters heraus grüßte er freundlich. Leider stand im Zwischenraum der Spurplatten das Wasser. Als ich seinen Gruß erwiderte, wurde ich von der Seite geduscht. Von solch einer Rundumdusche hatte ein Freund, der mal ein Wellness-Wochenende gewonnen hatte, mir ganz begeistert erzählt, aber ich glaube, er hatte es mit warmem Wasser zu tun gehabt. Das kalte Pfützenwasser war, wie ich feststellen musste, zumindest gewöhnungsbedürftig. Ich zitterte. Mir wurde plötzlich furchtbar kalt. Der Gutsbesitzer hatte von all dem nichts gemerkt. Fröhlich lächelnd fuhr er davon, und ich stand triefend am Wegesrand.

Seit jenem Tag hat sich mein Weltbild geändert. Nichts ist mehr so wie zuvor. Niemals mehr schalte ich Motoren ab. Nicht einmal während des Tankens. Und kommt ein grüner Spinner und sagt, ich sei eine Umweltsau, so antworte ich, ich könne den Motor nicht ausmachen: schließlich sei es möglich, dass der Anlasser kaputtgehe. Gibt er dann noch keine Ruh, so beschmeiße ich ihn mit Apfelresten. Und die orange-farbenen Unimogsitzer?

Heute sind das meine besten Kumpels. Sie machen ihre Pause jetzt immer an meiner Maschinenhalle, bei laufendem Motor natürlich. Manchmal stelle ich mich mit dem Trecker daneben und wir unterhalten uns nett, die Maschinen mit unserem Geschrei übertönend. Dann steigen sie aus, einer nach dem anderen, und pinkeln gegen die große Kastanie, die merkwürdigerweise in jedem Jahr weniger Blätter trägt. Woran das wohl liegen mag?

Warum ich kein Züchter bin

Nichts gegen Züchter. Es gibt viele, die mit wahnsinnig großer Liebe und einem schier verrückten Engagement unendlich wichtige Arbeit tun. Für alles, was ich im folgenden Text verbreite, entschuldige ich mich bei den guten Züchtern schon mal recht artig im Voraus.

Manchmal, da bin ich ganz ehrlich, wäre ich gern selber einer. Ein Züchter, so richtig mit Herdbuch und allem Schickimicki. Beispielsweise bei Auktionen. Wenn ich im Zuschauerraum sitze, mir in der Nase popele und der Auktionator das für ein Gebot hält und mir innerhalb von Hundertstelsekunden einen überteuerten Zuchtbullen verkauft. Jedes verzweifelte Winken meinerseits, das sei alles nicht so gemeint gewesen und nur ein Missverständnis, treibt nur mein eigenes Gebot in die Höhe. Am Ende stehe ich da mit einer halblahmen Krücke von Bullen, mache gute Miene zum bösen Spiel und murmele etwas von meinem integrativen Bauernhof, auf dem auch Außenseiter eine Chance bekämen, während Züchter und Auktionator da stehen und sich die Hände reiben... da wäre ich gern Züchter.

Aber auch später, wenn ich durch die Anbindeställe hinter der Auktionshalle gehe und die Züchter gerade alle ihre soeben vorgestellten Starken und Kühe just vor dem Platzen des Euters noch zu melken versuchen, dann bliebe ich zu gerne stehen und würde Sätze absondern wie: "Dieses Tier zeigt eine steile Tiefenschärfe, die nach hinten kaum abfällt." Oder: "Bei ihr ist auf Grund der ausgeprägten Kuhsächsigkeit nicht von einem staubigen Fundament auszugehen." Oder: "Die Südausrichtung ihrer sanft ansteigenden Weinberge garantiert eine vollfruchtige, runde Spätlese mit ausgeprägt aromatischem Charakter." Das wäre zwar komplett ausgedachter Schwachsinn, aber wer wagt schon zu widersprechen, wenn man mit Fachausdrücken daher kommt und sich benimmt wie ein Experte. Und da stünde ich wiederum als Züchter gern daneben und würde mit Freuden irgendeinen fachlich versiert anmutenden Nonsens antworten. Wie jeder. Züchtergespräche sind wahrscheinlich alle totale Nonsensgespräche, nur weiß das keiner, und, Gipfel des Absurden: Dieser Nonsens wird in Zuchtwertzahlen und -indices ausgedrückt. Diese Code-Sprachen würde ich gern beherrschen und mitreden, möchte auch Bullennamen herbeten wie Namen irgendwelcher Fußballstars und entgeistert gucken, wenn das Gegenüber diese noch nie gehört hat. Aber dann wieder packt mich tiefe Abscheu; ich halte jeden Züchter für einen Rassisten und ich kriege Angst, im Bett mit der Liebsten im richtigen Augenblick nicht ihren Namen, sondern den meines Lieblingsbullen zu hauchen.

Warum ich aber niemals ein Züchter sein könnte, ist etwas anderes. Ich müsste mich den ganzen Tag lang kaputtlachen über mich selbst, vor allem bei diesen Auktionen. Kühe putzen und mit Schuhcreme nachmalen wird da betrieben, als sei es eine besondere sexuelle Obsession. Ganz in ihr Tun versunken, mit entzücktem Glanz in den Augen, geben sich die Züchter und ihre Gehilfen ihrer abwegigen Perversion hin, und damit die Kühe bei der Vorstellung mit ihren prallen sekundären Geschlechtsmerkmalen protzen können, werden sie tagelang just unterhalb der Mastitisschwelle gehalten und nicht gemolken.

Nein, das wäre mir einfach zu albern, ebenso wie die üblichen Milchleistungsprüfungsmanipulationen, damit der Herdenschnitt noch ein par Kilo nach oben steigt.

Der Gipfel der Lächerlichkeit wird aber erst dann erklommen, wenn der Fotograf auf den Hof kommt. Es wäre mir schlicht zu blöd, dieses Podest, auf dem die Tiere mit den Vorderbeinen stehen sollen, damit sie so dynamisch, schneidig und willensstark wie ein junger, muckibudengestählter Manager aus dem Halfter gucken. Schon das Podest allein ist schlimm, aber es kommt noch schlimmer - es wird mit frischem Grasschnitt kaschiert, und zwar so schlecht, dass jeder Depp merken muss: Ah, da ist ein Podest, das man mit Gras kaschieren will, damit keiner merkt, dass da ein Podest ist! Warum, zum Teufel, lässt man es nicht einfach? Warum versuchen die Züchter stundenlang, das arme Tier da hinaufzuziehen, und wenn sie es so weit haben und aus dem Bild gehen wollen, steigt es schnell wieder herunter.

Ist das Masochismus? Werden dabei geile Endorphine ausgeschüttet? Ist es wie beim sagenumwobenen "Runner`s High", das einem nach stundenlangem, sinnlosen Laufen begegnen soll, obwohl man doch ein Auto oder zumindest ein Fahrrad hat? Gibt es das, ein "Breeder`s High"?

Keiner sagt es mir. Kaum hat man sich mal über Züchter lustig gemacht, da wollen sie schon nicht mehr mit einem reden. Wahrscheinlich muss ich erst Züchter werden, um es selbst herauszufinden. Ich habe mich schon zum ersten Kursus angemeldet, in diesem Winter, in der Lehr- und Versuchsanstalt Futterkamp, die jetzt aber irgendwie menschlicher heißt, statt "Anstalt" - "Zentrum", glaube ich. Alles heißt jetzt Zentrum. Wahrscheinlich darf man zum

Knast jetzt auch nicht mehr "Justizvollzugsanstalt" sagen, sondern nur noch "Justizvollzugszentrum", und alle halbe Jahr machen die einen Tag der offenen Tür, um sich den potenziellen Häftlingen zu präsentieren, die aber nicht mehr "Häftlinge" heißen, sondern "Kunden" oder "Klientel". Aber ich schweife ab.

Wie gesagt, ich will jetzt Züchter werden. Ich habe mich angemeldet zu meinem ersten Züchterkurs, in Futterkamp. Seminarthema: "Podestdekoration - einfach, schnell und wirklich ganz ziemlich unauffällig". Ich freu mich drauf.

Über Winter

Noch vor dem Regen
die letzte Furche pflügen
bald ist Weihnachten
in der Kabine ist es warm
draußen fallen Blätter
weil der Westwind so wild weht
rundherum ein Möwenschwarm
Gekreisch und Geschrei und
weiße Scheiße
noch streiten sich die Vögel
um das Wurmzeug
bald werden sie weiterziehen
zur Müllkippe oder
an die Tümpel in der Stadt
das alte Brot der Omis fressen
über Winter

die Feldarbeiten sind jetzt fertig
für dieses Jahr
denke ich als ich
den Trecker in die Halle fahre
noch die Maschinen
und die letzten Tiere einwintern
dann beginnt die ruhige Zeit
füttern
misten
melken
ab und zu Gülle rühren
und pumpen
oder auf Versammlungen rumhängen

und zugucken
wie die Bauern wieder fett werden
über Winter

im Büro sitzen
bei Kaffee und schöner Musik
mit der Buchführung anfangen
und sich ablenken lassen
am liebsten von der Liebsten
oder auch vom Blick aus dem Fenster
wie schön
dass Häuser Dächer haben
die Autobahn staubt mit Gischt
der Wind treibt Regen übers Land
doch niemand spannt den Wagen an
die Heizung waltet ihres Amtes
warme Luft macht müde Männer noch müder
ich pfeif auf die Buchführung
mach Mittagsstunde
morgen ist auch noch ein Tag
sagt der Bauer
über Winter

jetzt kommt der Regen
mit Macht
jetzt geht es schnell
es quatscht im Gras
wenn man drüberlatscht
aus Kuhlen werden Matschlöcher
aus Matschlöchern große Pfützen

und es pisst und pisst
bis alles nur noch Pfütze ist
über Winter

ob ich es diesmal schaffe
das Büro aufzuräumen
über Winter
so frage ich mich
und weiß doch schon die Antwort
klar schaff ich das
denke ich
sammle Kraft
atme tief durch
und zack!
ist das Frühjahr da
wieder war es nix
mit Büroaufräumen
über Winter

gut zu wissen
dass die kalte
die dunkle
die ruhige Jahreszeit wieder kommt
dann hab ich Zeit
dann hab ich Muße
und räum auf
auch im Arbeitszimmer
denk ich immer
über Sommer

155

Ein Geschenk

Jedes Mal, wenn ich ein Kalb an den Ohren festhalten will, werde ich von allen Seiten angekreischt: "Oh Mann, Papa, das sind keine Griffe, Du Tierquäler!" Und ich kreische zurück: "Warum zum Teufel haben die Viecher denn sonst so Segelohren? Doch nur zum Anpacken!" Und ich greife zu. Mein Ruf in der Familie ist eh ruiniert; schon die Tatsache, dass ich Tiere halte, die zum Schlachter kommen, ist für das verräterische Vegetarierpack, welches sich meine Brut nennt, Grund genug, mir für meine Sünden das ewige Schmoren in einem Vollspaltenschweinemaststall im Sommer bei Stromausfall zu wünschen. Oder eine Wiedergeburt als Legehenne oder Masthähnchen im Kreis Vechta.

Aber ach, die Rinderohren! Wozu stehen sie so ab, fragte sich auch der Gesetzgeber, und dann fiel es ihm ein: Die Tiere brauchen Ohrenschmuck! Und so sind wir Bauern also seit inzwischen etlichen Jahren verpflichtet, unseren Rindern diese hässlichen, großen hellgelben Ohrmarken einzukneifen. Für jedes Ohr eine Marke, jede Marke mit zwei beschrifteten Seiten und einem computerlesbaren Strichcode. So werden die Tiere bundesweit zentral registriert, ein jedes Tier mit so poetischen Bezeichnungen wie etwa: DE0110500363. Oder: DE0112260753. Oder auch: DE0114033067. Für die Rinder ist der totale Überwachungsstaat längst Wirklichkeit. Big Brother is watching Kuh!

Diese Tatsache wird häufig ignoriert. So, wie in fast jeder Werbung die Kühe Hörner haben, obwohl doch tatsächlich fast jedes Horn schon im zarten Säuglingsalter in einer fürchterlich stinkenden Enthornungszeremonie heiß amputiert wird, so finden Rinderohren in den Köpfen der Leute immer ohne Marken statt. Erst neulich war ich in einer Ausstellung mit durchaus hübschen, gut gemalten Kuhportraits. Keines dieser Tiere trug Ohrmarken. Ich war entsetzt und wollte schon das Kreisveterinäramt informieren, suchte aber zuvor das Gespräch mit der Künstlerin. Sie berief sich auf ihre künstlerische Freiheit, die ihr durchaus erlaube, Kühe ohne Ohrmarken zu malen. Das sollte ich dem Kreisveterinär mal erzählen: "Landwirtschaft ist ja auch so eine Kunst für sich. Und meine künstlerische Freiheit erlaubt es mir, Kühe ohne Ohrmarken zu halten!" Der wird Augen machen!

Tatsächlich gibt es aber schon Probleme mit den Ohrmarken. An die Optik habe ich mich gewöhnt; das ist normal geworden. Aber manchmal gehen die Marken verloren. Manchmal reißen sie und fallen aus den Ohren; manchmal reißen auch die Ohren, und die Marke hängt heil am Stacheldraht und wiegt sich meditativ im Winde. Auch das ist nicht so schlimm; man kann ja welche nachbestellen. Also Marken, nicht Ohren. Aber die Lauschlappen sind groß genug, so dass man immer noch einen Platz für neue Marken findet. Und die Nummer weiß man ja; denn nicht einmal eine Kuh ist so blöd, dass sie gleich beide Marken auf einmal verliert.

Das echte Problem ist ein anderes. Das liegt in meinem Naturell begründet. Ich kann einfach nichts wegschmeißen. Die Liebste weiß ein Lied davon zu singen. Nur ihrer Konsequenz, Stärke und Hartnäckigkeit ist es zu verdanken, dass wir nicht im Gerümpel ersticken. Eisern hält sie das Haus sauber.

Sie kann überbordende Unordnung nicht ertragen. Nur mein Büro darf ich nach Herzenslust vollmüllen. Aber manchmal, wenn Birte etwas kopieren muss, kommt sie rein und mutiert augenblicklich zur kleinen Schwester von Bruce Lee. "Hoijaa!", schreit sie, und zack! tritt sie einen CD-Stapel um. "Tscha!", ruft sie, und ganze Ordner fleddern durch die Luft. "Gööha!", macht sie, und mit einem Handkantenschlag köpft sie einen Haufen Bücher. Eine Schneise der Verwüstung hinterlässt sie auf ihrem Weg zum Kopierer. Erst, wenn sie den Raum wieder verlässt, ploppt sie in ihre gewohnte Gestalt zurück. So liebe ich sie; die Liebste gefällt mir wesentlich besser als die fern-östliche Bürokampfmaschine.

In der Regel tue ich deshalb alles, um sie am Betreten des Büros zu hindern. Meistens biete ich ihr vorsorglich an, alles für sie zu kopieren, was sie nur wünscht, um mein Büro müllmässig wenigstens selbst designen zu dürfen. Schade nur, dass diese meine Räuberhöhle von fast jedem Besucher gesehen wird, da es sich in den ehemaligen Knechtkammern zwischen Diele und Küche befindet und Glasscheiben in der Tür hat. "Booah!", rufen die Besucher und freuen sich, weil ihre Büros, zu meinem in Beziehung gesetzt, ja so etwas von aufgeräumt sind. Gut gelaunt gehen sie nach Hause, von ihren schlechten Gewissen wegen ihrer unordentlichen Büros dauerhaft befreit, während mir der Anblick meiner Papierwüste nur ein klein wenig unangenehm ist. Oh Mann, ich sollte Geld dafür nehmen! Für jeden Besucher ist das reine Therapie! Das tragen sicher die Kassen! Einer stand in meiner Bürotür und sagte: "Wow! Das sieht aber... authentisch aus!" Und ich konnte sehen, wie gut er sich fühlte, wie er augenblicklich aufblühte, der Glückliche!

Wie gesagt: Ich kann nichts wegwerfen. Und was mache ich mit den ganzen Tausenden und Abertausenden von verlorenen Rinderohrmarken, die ich irgendwann wiederfinde, auf dem Feld, im Stall oder in der Gülle? Na klar, ich bewahre sie auf. Ich nagle sie alle an eine alte Tür in der Diele. Da ist meine Ohrmarkengalerie. Dort hängen noch Ohrmarken von Tieren, die längst die Nahrungskette durchwandert haben, verblassende Erinnerungen an Kühe, die ich streichelte oder jagte, die mich ablecken oder treten wollten. Meine gelbe Tür. Wie oft habe ich gedacht, dass ich mir einen Spaß draus mache, wenn ich mal Kontrolleure auf dem Hof habe, und sie finden doch mal ein Tier ohne Ohrmarke (ausgeschlossen!), dann wende ich mich zur Ohrmarkengalerie und sage: "Das Tier hat keine Marke? Das ist nicht so schlimm. Suchen Sie sich doch hier eine neue aus!" Und dann will ich den Blick sehen in den Augen der Kontrolleure! Das wird eine Freude!

Und neulich, das war eine schöne Überraschung. Wie in jedem Frühjahr gab es in unserem Dorf eine Säuberungsaktion. Die Feuerwehr und die Gören des Dorfes liefen alle Wege und Straßen ab und klaubten alte Bierdosen, Zigarettenschachteln und Kondome aus den Knicks. Und Carla, unsere kleine süße Tochter, sie kam zurück mit einem total glücklichen Strahlen im Gesicht. Sie versteckte ihre Hände hinter dem Rücken und grinste und sagte: "Papa, ich hab dir etwas mitgebracht! Welche Hand willst du?" Ich suchte eine aus. Sie hielt mir eine wildfremde, verlorene Ohrmarke hin: "Die sammelst du doch, oder? Hier, schenk ich dir!"

Ich hätte fast geheult vor Rührung! Was für ein tolles Geschenk!

Bauernversand

Am liebsten hole ich ja Ersatzteile von unserem Dorfschrauber Dedel. Leider hat der kaum etwas da. Zusammenflicken, ja, schweißen, braten - das kann er. Und man kriegt die schönsten Rechnungen von ihm, mit Schreibmaschine geschrieben auf dem Briefkopfpapier, in welchem noch das 20. Jahrhundert gilt. Im letzten Jahr bekam ich eine Rechnung von anno 1904. Längst verjährt, bezahlt habe ich trotzdem. Unter Dedels Namen steht auf dem Bogen: "Schlosserei, Klempnerei, Lohndrusch", obwohl er seit zwanzig Jahren keinen Drescher mehr hat. Vielleicht meint das ja auch, dass man seine Gören bei Dedel im Lohn verdreschen lassen kann, aber das glaube ich nicht; denn Dedel tut keiner Fliege etwas zuleide. Muss irgendwas anderes sein. Muss ich Dedel mal fragen, bei Gelegenheit.

Manchmal aber braucht man Teile. Die bestellt man sich beim Landmaschinenhändler oder bei einschlägigen Versandhäusern, dem Bauernversand oder so. Und da bestellte ich also neulich zum ersten Mal. Bauern werden, trotz des Namens, nicht versandt. Aber gute Teile wirklich preiswert. Wobei ich gleich anfing, mich zu ärgern; denn weil die Gelegenheit so günstig war, bestellte ich noch weiteren Kram, den ich gar nicht brauchte und der außerdem von miesester Qualität war. Zwei-Wege-Werkzeug beispielsweise. Raus aus der Packung, rein in den Müll.

Aber das ist nicht alles. Dem Konzern geht es nicht nur darum, seinen Schrott an den Mann zu bringen - offenbar haben sie sich auch geschworen, ganz allein die Urwälder der Welt zu vernichten. Nicht ein Tag vergeht, an welchem kein neuer Bauernversandkatalog ins Haus flattert, meist mit grandiosen Einführungsangeboten und sensationellen Kundengeschenken, für die scheinbar der Gimmickexperte vom Yps-Comic abgeworben wurde. Die unglaubliche Schieblehrentaschenlampe, der absolut einzigartige Schraubendreherwecker, der äußerst innovative Bohrmaschinenkreissägenrasenmäher.

Beim Bauernversand gibt es nichts, was es nicht gibt. Und wer macht Werbung dafür? Na klar, uns Uwe Seeler. Nachdem er einst mit beeindruckenden schauspielerischen Qualitäten für "Hattrick" warb, ein After Shave, das stank wie Pumapisse, nachdem er als Präsi den HSV fast zugrunde gerichtet hatte, grinst er mich jetzt vom Bauernversand-Katalogtitelblatt aus an. Und sagt mir, dass ich Bauernversand-Kunde Nr.1 sei - dabei hab ich erst einmal was bestellt bei denen! Au Backe, dachte ich, denen muss es aber schlecht gehen. Fast bekam ich Mitleid, da las ich, dass ich für nur zehn Zacken ein T-Shirt bestellen kann, mit dem "gut lesbaren" Aufdruck: "Bauernversand-Kunde Nr.1"! Na, herzlichen Dank!

Oft gibt es bei denen auch was zu gewinnen. Zahlreiche extrem wertvolle Preise! Die Kinder freuen sich jeden Tag, wenn sie aus der Schule kommen und auf dem Katalog verdeckte Felder freirubbeln können: "Papa, du hast gewonnen! Einen Wahnsinnspreis! Ein Fieberthermometer mit integriertem Warndreieck! Und als besonderen Bonus ein Radiokugelschreiber! Stell dir vor: Ab jetzt kannst du beim Schreiben Musik hören!"

Man mag es kaum glauben: Das habe ich mir schon immer gewünscht!

The Cattle Blues

Ich höre so gerne den Blues. Ich bin schon früh drauf gekommen. Ich war zehn oder elf Jahre alt und bewohnte mit meinem Bruder noch ein gemeinsames Zimmer. Auf diese Weise schnappte ich viel von seinen damaligen Hörgewohnheiten und Lieblingsplatten auf. Jahrelang schlief ich, weil ich natürlich früher müde wurde als er, zur Musik von Status Quo, Urial Heep oder AC/DC ein. Mein Lieblingswiegenlied war "Highway to Hell".

An die laute Musik zum Einschlafen hatte ich mich irgendwann so sehr gewöhnt, dass ich an jenem Abend, als mein Bruder erstmals in seinem dem Heuboden abgezwackten neu ausgebauten Zimmer schlafen wollte, zu welchem Zweck er natürlich seine vom Konfirmationsgeld gekaufte Musikanlage mitgenommen hatte, dass ich also an jenem Abend nicht einschlafen konnte, weil es in unserem ehemaligen und also meinem jetzigen Zimmer so verflucht leise war. Da ging ich rüber in das Zimmer meines Bruders um zu fragen, ob ich bei ihm einschlafen dürfe, woraufhin er mich natürlich für komplett übergeschnappt hielt. Endlich, endlich war er mich los - da lag ihm natürlicher- und verständlicherweise nichts ferner, als mich gleich zu sich einzuladen. Aber er hatte Mitleid mit mir und holte für mich seinen alten Kompaktplattenspieler aus rotem Plastik vom Dachboden, und dann schenkte er mir "Powerage", die AC/DC-LP, auf die ein Freund von ihm während einer Fete gekotzt hatte und die deshalb nur noch einseitig zu bespielen war und auch etwas eigenartig roch. Aber egal, Hauptsache, es war laut und schnell. Und die Seite mit "Riff Raff" funktionierte noch. Udo stellte den Plattenspieler möglichst weit weg vom Bett auf, drehte den Lautstärkeknopf ganz nach rechts, setzte die Nadel auf. Ach, dieser wohltuende Lärm! Selig schlief ich ein, und Udo hatte seine Ruhe.

Noch vorher, als mein Zimmer noch unser gemeinsames gewesen war, da entdeckte ich den Blues. Meine Eltern hatten für das Wohnzimmer gerade den ersten Farbfernseher gekauft, der alte Schwarzweißfernseher war in unser Zimmer gewandert. Und eines Nachts wachte ich auf, und die Glotze lief. Mein Bruder lag im Bett und schnarchte, und im Fernseher spielte ein ungesund aussehender weißhaariger Mann gerade einen langsamen Blues. Es gab drei Musiker, den Weißhaarigen an der Gitarre, der immer kleine Soli spielte und dazu "Yeah! Yeah!" ins Micro rief, einen Drummer und einen Bassisten. Diese Musik war heiß, was erstaunlich war, weil der Sänger, wie später gesagt wurde, Johnny Winter hieß. Es war eine Rockpalast-Rocknacht, und ich war hellwach und guckte das Konzert zu Ende. Seitdem hörte ich also nicht nur Hardrock, sondern auch Blues.

Zwar habe ich mein Hörspektrum inzwischen etwas erweitert, aber den Blues liebe ich immer noch. Manchmal, auf Feten, zu denen auch Live-Musik gereicht wird, singe ich ihn sogar. Und weil mir kein Text einfällt, wenn ich mehr als drei Bier getrunken habe, und unter fünf fange ich nicht an zu singen, weil mir kein Text einfällt, lasse ich dann andere die Gitarre spielen, und ich singe mit Grabesstimme "Yeah! Yeah!" dazu, so dass ich spätestens nach sieben Minuten Musik für zwei lange Wochen Halsschmerzen habe und heiser bin.

Man mag einwenden, dass das nicht authentisch

sei. Ich dürfe den Blues nicht singen. Ich sei weiß und habe nicht auf den Baumwollfeldern des amerikanischen Südens Peitschenhiebe einstecken müssen. Ein korrekter Einwand. Aber ich bin Rinderhalter. Ich habe Kühe. Verdammt nochmal, das reicht, um authentisch den Blues singen zu können. Ich habe den Cattle Blues:

I got the cattle blues, mama
And I don't know what to do
I got the cattle blues, mama
And I don't know what to do
Every morning when I get out
Everybody just says: Muh!

Oh ja, ich habe den Cattle Blues. Mal mehr, mal weniger. Zwar habe ich durchschnittlich immer so ziemlich gleich viel Vieh, aber die Intensität des Cattle Blues schwankt erheblich. Ist beispielsweise mal für zwei, drei Monate der Milchpreis ausreichend gut, was selten vorkommt, dann reduziert sich der Cattle Blues von ganz alleine, und manchmal freue ich mich fast, Kuhbauer zu sein, weil ich weiß: Hey, Mitte des Monats kommt die Kohle.

Und wenn Ende April die Kühe endlich auf die Weide kommen und sie springen herum und toben und tanzen und rennen voller Übermut rund um die Koppel, wieder zurück in den Stall und wieder raus und das Ganze nochmal, dann bin ich wirklich glücklich, dann stehe ich da und freue mich an meinen Tieren, solange sie nicht ausbrechen. Wenn sie ausbrechen, dann kriege ich wieder den Cattle Blues, innerhalb von Sekunden, und das Ulkige ist, dass ich furchtbaren Stress hab und wutentbrannt und hochgradig genervt hinter den Tieren her renne, aber schon währenddessen weiß: In einer Woche wirst du drüber lachen. Ein sehr ambivalentes Gefühl - du siehst ein Rind, es läuft davon; du willst nichts anderes als es töten, hier, jetzt, sofort, auf der Stelle willst du sehen, wie ihm die Eingeweide aus der aufgeschlitzten Bauchdecke quellen, und gleichzeitig denkst du: In einer Woche lach ich drüber. Und der Kollege, der dir hilft, sagt: "Wieder `ne Geschichte für das nächste Buch." Und ich bin ihm dankbar für die Hilfe, und irgendwie hab ich ihn auch lieb, aber für diese Aussage gehört er gleich mit aufgeschlitzt.

Cattle Blues und Cattle Happiness liegen oft ganz dicht beieinander. Etwa beim Misten. Wenn ich mit Freund Dieter gerade die Jungtiere ausgemistet habe, so richtig schweißtreibend muckibudenmäßig mit Muskeln und Forken statt mit Diesel und Frontlader, dann streuen wir die Boxen dick mit frischem Stroh ein. Und danach stehen wir auf dem Futtergang und gucken zu, wie die Starken riesig übermütig und deutlich vergnügt durchs frische Stroh toben, und ach, was bin ich glücklich, Bauer zu sein, Rinderhalter zu sein, sind sie nicht süß und knuffig, wie sie da rumspringen, und Tränen der Rührung über das ganze Glück in meinem Leben steigen mir in die Augen.

Aber es dauert keine dreißig Sekunden, da hat mich der Cattle Blues wieder. Denn dann steht das erste blöde Vieh mitten im tiefsten Stroh, mitten in der doch als Bett gedachten, wohlriechenden, leckeren Einstreu und kackt hinein. Und die anderen sehen das und - flatsch! flatsch! flatsch! - machen es dem Leittier nach. So sind Rinder!

In jenem Stall haben die Tiere immer zwei durch einen Durchschlupf verbundene Boxen zur Verfügung;

beide sind exakt gleich groß. Die eine Box ist einge-
streut und dient als Liegefläche, auf der die Tiere schön
artgerecht in Gruppen zusammengekuschelt lagern
können, die andere Box ist mit Vollspaltenboden
ausgestattet. Hier befinden sich die Fressgitter, diese
Box ist zum Fressen und Scheißen gedacht; denn
irgendein schlauer Wissenschaftler hat angeblich mal
beobachtet, dass Rinder 80 Prozent ihres Kotes beim
Fressen unter oder besser hinter sich lassen.

Meine Erfahrung ist eine andere. Ich wette, das
Beobachten der Kotablage ist dem Wissenschaftler
so langweilig geworden, dass er darüber eingenickt
ist, und dann hat er einfach jenes Ergebnis angenom-
men, welches ihm zur Verkaufsförderung der von ihm
entworfenen Stallsysteme als besonders opportun
erschien. Oder er hat nicht geschlafen, sondern die
ganze Zeit an sich selbst oder seiner Assistentin rum-
gespielt; jedenfalls ist seine ach so wissenschaftliche
Studie blanker Unsinn.

Nein, Rinder, oh, ich muss einschränken, meine
Rinder, meine weiblichen Jungtiere - sie scheißen
niemals auf die Spalten. Nie. Das gilt unter ihnen als
uncool. Das verletzt ihren Ehrenkodex. Ich schwöre
- sie stehen am Fressgitter, sie fressen, dann gehen
sie zurück, wechseln die Box, gehen ins Stroh, scheißen, lassen Wasser, und dann gehen sie seelenruhig
zurück und fressen weiter, so, als sei die Liegebox
nichts als ein Dixie-Klo. Sie kommen sich noch nicht
einmal blöde vor dabei. Meine Rinder - das ist meine
Beobachtung, und ich spiele tagsüber niemals an mir
rum - meine Rinder kacken 80 Prozent ins Stroh. Wenn
mal was woanders landet, dann ist es ein Versehen.
Oder Durchfall, und sie haben es nicht rechtzeitig
geschafft, vom Spaltenboden runterzukommen.

Jeden Tag zwei Mal - einmal morgens, einmal

abends - stehe ich vor den Boxen und erkläre den Tieren mit ruhiger Stimme, wo das Geschäft zu verrichten ist. Ich komme mir dabei vor wie eine Stewardess im Flieger, immer die gleichen Gesten, immer die gleiche Mimik, immer die gleichen blöden, leeren Blicke zurück. Da stehen sie und glotzen und - flatsch! flatsch! - scheißen ins Stroh, noch während ich am Erklären bin. Und dann versuche ich, sie aus der Liegebox zu treiben, auf die Vollspalten, und sie verstehen nicht, sind irritiert, werden ängstlich und scheißen noch mehr. Man weiß ja wohin.

Oh, es ist ein Drama! Wie sehr wünsche ich mir manchmal, so wunderbar intelligente, schamhafte und reinliche Tiere wie Schweine zu halten. Wenn im Stall alles in Ordnung ist und die Tiere die Wahl haben, dann schaffen sie sich ganz von allein ihre kleinen Misthäufchen, die sie schön akkurat müh- sam zu kleinen Pyramiden aufschichten. Und diese Misthäufchen sind natürlich weit, weit weg von der eingestreuten Liegefläche, wenn es denn ein Stall ist, in welchem die Schweine das Glück haben, solch einen Luxus wie eine eingestreute Liegefläche nutzen zu dürfen. Und Schweine sind so schamhaft. Niemals kacken sie, wenn ihnen einer zusieht. Und falls es gar nicht zu vermeiden ist, dann ziehen die Schweinchen einen klappbaren Paravent aus der Tasche, hinter welchen sie sich zur Befriedigung ihres dringenden Bedürfnisses diskret zurückziehen.

Mein Berater meint, das müsse so sein. Schweine seien sesshafte Waldbewohner, die es sich in ihrem Zuhause gemütlich machen und deshalb aufpassen müssen, dass sie nicht die ganze Gegend mit ihrem Kot kontaminieren, allein schon aus Gründen der Hygiene und der Eindämmung von Parasitenbefall.

Und Rinder seien Steppentiere, die sich grasend

über die Heide bewegen, immer in eine Richtung. Die kommen ohnehin niemals wieder dort vorbei, wo sie gerade stehen und fressen, also macht es auch nichts, wenn sie dort hin kacken, und also tun sie genau dies mit einem entrückten Lächeln im Gesicht. Deshalb sind Kühe kognitiv auch etwas minderbemittelt - sie müssen ja nicht einmal ihr Zuhause wieder erkennen! Wer hat sie nicht im Stall, jene Kühe, für die der Stall nach jedem Melken wieder ein neues Abenteuer ist. "Wo ist denn hier das Futter? Und wo kann ich saufen? Und wo ist die Einstreu, in die ich reinkacken darf?", so scheinen sie mit ihren dämlichen Blicken zu fragen, und ich singe den Cattle Blues. Da kommt mir ein Gedanke - verdammt nochmal, wir brauchen die Gentechnik. Nicht die klinische, die ist akzeptabel, nicht die grüne, die ist Quatsch, wir brauchen die rosa Gentechnik! Oh, bitte, ihr Genetiker aller Herren Länder, findet heraus, welches Schweinegen zuständig ist für das Immer-schön-in-die-Ecke-kacken, und dann baut es bei den Kühen ein, und erst, wenn euch das gelungen ist, will ich eure Wissenschaft preisen als doch nicht so ganz für den Arsch. Aber bis dahin singe ich immer mal wieder den Cattle Blues, und zwar mit wachsender Intensität:

I got the Cattle Blues, mama,
And I'm working all day long
I got the Cattle Blues, mama
And I'm working all day long
And I'm crying and I'm crying
The place they shit is always wrong...

Mein erstes Mal

Es war zur Zeit meines Konfirmationsunterrichtes. Nachdem ich mich nun anschickte, im Sinne der Kirche ein vollwertiges Mitglied der Gemeinschaft zu werden und also den Status eines halbwegs Erwachsenen zu erlangen, meinte mein Vater, es sei an der Zeit, mich auch in die Welt der Pflichten, was die Arbeit auf unserem Hof anging, einzuführen.

Gewiss, vorher hatte ich schon die Kühe und die Kälber füttern müssen, aber ein wenig Getreideschrot, Stroh und Heu vorzugeben - das war eher Spielerei. Das, was jetzt kommen sollte, war einfach eine ganz andere Sache, ein Vorstoß in eine neue, bislang unbekannte Dimension.

Mein Vater nahm mich mit zum Misthaufen. Er legte mir seine schwere Hand auf die Schulter, schaute mir voller Ernst in die Augen und sagte mit würdevoller, tiefergelegter Stimme: "Mein Sohn, du bist jetzt bald erwachsen. Der Tag ist gekommen. Es heißt, Verantwortung zu übernehmen." Er machte eine überdeutliche rhetorische Pause, sein bedeutungsschwangerer Blick glitt über den damals noch unbefestigten Misthaufen, der sich direkt neben der an Überdüngung eingehenden Kastanie hoch auftürmte. Wieder sah er mich an. "Du wirst heute zum ersten Mal die Kühe ausmisten."

Damals mussten noch alle unsere Kühe mit Schubkarre und Schaufel oder Forke ausgemistet werden. Das allein war keine Schwierigkeit; das war zwar nicht direkt ein Kinderspiel, weil Kinder meist lieber etwas anderes spielen, aber es war auch kein wirklich großes oder unüberwindbares Hindernis. Nichts weiter als ein Schiss, sozusagen.

Die besondere Hürde war das Ausleeren der Schubkarre auf dem Misthaufen; schließlich sollte es ein Misthaufen sein und keine weite Mistebene. Das bedeutete, dass man die Schubkarre über auf dem Mist liegende Gerüstbohlen ganz nach oben auf den Gipfel des Haufens schieben musste, um sie dort auszukippen. Dabei durfte man mit dem Schubkarrenrad keinesfalls von der Gerüstbohle abkommen; denn das hatte unweigerlich das Versinken der Karre im Mist zur Folge. Danebentreten durfte man natürlich ebenfalls nicht, wenn man nicht wollte, dass einem die Jauche über den Stiefelrand hinweg in die Socken lief.

Es war eine große Herausforderung. Hier stand ich, mit einem Mal wieder der kleine Junge, der ich früher war, und bedrohlich und hämisch grinsend der Misthaufen neben mir, bereit, meinen ersten Fehltritt auszunutzen und mich für immer zu verschlingen, mit Haut und Haar. Plötzlich fühlte ich mich wieder wie ein Kind, und ich wusste nicht, ob ich der Aufgabe gewachsen war. Nicht umsonst war Misten damals noch ein Ausbildungsberuf; die Mister waren der Landwirtschaftskammer ebenso zugehörig wie die Landforstpferdefischteichwirte, die Gärtner und die Melker.

Ich zitterte, aber ich machte mich an die Arbeit. Bald war die erste Schubkarre halbvoll - zunächst wollte ich meine Kräfte nicht überschätzen. Raus aus dem Stall, und schon stand ich am Fuße des Berges. Ich nahm Anlauf. Mit einem platschenden Geräusch traf ich die Gerüstbohle, und schnell sauste ich den Haufen hinauf, aber noch schneller nahm meine Geschwindigkeit wieder ab. Auf halber Höhe kam ich zum Stehen. Ich heulte laut auf. Was tun? Weiter ging nicht, und hier, auf halber Strecke, die Karre auszukippen, das traute ich mich nicht. Ich hätte mich geschämt.

Langsam wandte ich mich um, behutsam die Schubkarre in der Balance haltend. Umgreifen, Hand für Hand, dabei drehen. Dunkel brodelte und gluckste es im Inneren des Misthaufens. Ich meinte, liebliche Feenstimmen zu hören, die leise auf mich einsäuselten, um mich zu sich zu locken. Aber ich blieb standhaft; ich hörte nicht auf sie.

Inzwischen stand ich, die immer noch halbvolle Schubkarre hinter mir, in Richtung bergab. Ich rannte los, die Bohle wieder hinunter. Das ging leichter und schneller als hoch. Zwar verschüttete ich dabei etwas Mist, aber unverletzt kam ich wieder unten an.

Ich blickte mich um. Zum Glück hatte mich keiner beobachtet; niemand lag irgendwo auf dem Hof herum und lachte sich kaputt. Das freute mich. Mein Vater hatte andere Dinge zu tun, als mich zu kontrollieren. Er vertraute auf mich; er traute mir zu, den bösen Misthaufen zu bezwingen. Ich wollte ihn nicht enttäuschen.

Wieder drehte ich mich um, konzentrierte mich, atmete tief durch. Fest blickte ich meinem Widersacher ins jauchige Auge. Dann stürmte ich los. Ich traf die Bohle und rannte und rannte, hoch, hoch, immer höher. Ich konnte schon über die Böschung zur Autobahn gucken, aber dafür hatte ich jetzt keinen Blick. Mit starren Augen behielt ich die Bohle im Visier, die weit oben im Himmel in den Wolken verschwand. "Du Sau, du Sau, dich mach ich fertig!" war das Mantra, das ich mir zur Selbstbeschwörung wieder und wieder vorsagte: "Du Sau, du Sau, dich mach ich fertig!"

Es dauerte lange. Die Luft wurde dünner; es wurde empfindlich kalt. Es dämmerte schon, da kam ich auf dem Gipfel an. Ein gellender Schrei des Jubels entrang sich meiner Seele, eine schwere Mistforke fiel mir vom Herzen, ich hätte singen mögen vor Glück. Triumphierend kippte ich die Schubkarre um; der Mist purzelte sehr malerisch ein wenig den Hang hinunter, bis er irgendwo liegen blieb. Ich richtete die Karre wieder auf. Leise lächelnd genoss ich den Augenblick. Am liebsten hätte ich hier oben, in der Stille, eine Fahne gehisst, aber ich hatte keine dabei.

Noch einmal guckte ich mich um, grüßte zum Abschied die vorbeihuschenden, mickrigen Charterflieger, die klein genug waren, um auf dem Flugplatz Kiel-Holtenau landen zu können, dann packte ich mit festem Griff die Schubkarre. Langsam stieg ich den Abhang hinab, genau darauf achtend, wohin ich trat, denn noch war ich nicht außer Gefahr.

Spät am Abend kam ich wieder zuhause an, erschöpft, aber glücklich. Mein Vater wartete am Fuße des Misthaufens auf mich. Stolz blickte er mich an und sagte: "Ich wußte, dass du mich nicht enttäuschst. Mein Sohn, ab jetzt bist auch du ein echter Mann! Du hast bewiesen, dass du misten kannst. Jetzt kannst du auch heiraten!" Und er schlug mir mit seiner Bauernpranke anerkennend auf die Schulter.

Beim Abendbrot gab er mir zum ersten Mal eine Flasche Bier. Nach einem Augenblick ehrenhafter Stille, in welchem ich meinte, vom etwas muffigen, leicht fauligen Atem des Hauchs der Geschichte umweht zu sein, schaute er mir direkt ins Gesicht, solange, bis es in seinen und in meinen Augen feucht zu schimmern und zu schwimmen begann, dann endlich prostete er mir zu. "Auf dass du immer eine Handbreit Gerüstbohle unterm Schubkarrenrad hast!

Alles Gute, mein Sohn!"

Das erste Bier. Wenigstens das erste offizielle. Das heimliche beim Osterfeuer einige Wochen zuvor zählte nicht; denn da hatte ich mich verstecken müssen. Nun aber konnte ich endlich hochoffizielles, elterngenehmigtes Bier trinken. Da hieß es zugreifen, egal ob ich es mochte oder nicht.

Was war das für ein großer Tag: das erste Ausmisten, das erste Bier. Es schmeckte etwas bitter, aber gar nicht mal so schlecht.

Ambivalenz

Jens heißt er
kommt aus Dänemark

er stand an der Autobahnausfahrt
hielt den Daumen raus
weit nach Mitternacht

ich nahm ihn mit
er wollte nach Lübeck
sich ein Segelboot ansehen

außer einem Schlafsack und
einer Tüte mit zwei Käsebroten
hatte er nichts dabei

wir kamen ins Gespräch
ich bot ihm an bei uns zu schlafen
vorher tranken wir
noch ein paar Bier

wir schnackten lange
und lachten viel
bis er sagte
ig mus jetz slafen

Einige Wochen später
kam eine Postkarte

das Boot war nicht gut
aber ich habe nette Leute getroffen
mit denen ich nach Danzig gesegelt bin
jetzt warte ich auf jemanden
der mich mitnimmt
egal wohin
mir geht`s gut
das Meer macht mich frei

voller Fernweh
voller Wehmut
dachte ich ihm nach
der hat es gut
wie wäre es wohl
mit ihm zu reisen
egal wohin
mit Schlafsack und zwei Käsebroten

aber mit Hof und Familie
geht das nicht

Noch einige Male
bekam ich Post
von Jens aus Dänemark
bunte Karten von überall

zuletzt schrieb er
einen langen Brief
zum ersten Mal aus seinem Land

ich habe es so satt
herumzufahren wie ein Blöder
du hast es gut
mit deiner Familie
und deinem Hof

du hast ein Zuhause
du weißt wenigstens
wo du hingehörst

Die Autobahn

Es ist laut bei uns. Kein Wunder, liegt die A21 doch nur etwa zwanzig Meter von unserem Wohnzimmer entfernt. Die Autobahn geht so dicht an unserem Haus vorbei, dass in der Baugenehmigung unseres Wintergartens, den wir vor einigen Jahren erstellten, folgender schöner Satz zu lesen war: "Das Bauvorhaben ist so auszubilden, dass eine Blendung der Verkehrsteilnehmer auf der Bundesautobahn nicht erfolgt. Weiterhin ist das Bauvorhaben so zu gestalten, dass es durch seine Form, Farbe und Größe nicht zu Verwechslungen mit Verkehrszeichen und -einrichtungen Anlass gibt."

Das Leben an der Autobahn hat aber auch etwas Gutes. Es bildet die Stimme. Wenn wir im Sommer mit Freunden auf der Terrasse sitzen, dann müssen wir uns anschreien, wenn wir einander verstehen wollen. Das schult die Lungen und spült Luft und Kohlenmonoxid bis in die letzten kleinen Bläschen. Das ist gesund. Und wir lernen, lautstark zu brüllen. Schon heute verzichten wir bei Ortsgesprächen auf das Telefon.

Außerdem leben wir im Einklang mit der Natur. Der Wechsel der Jahreszeiten bestimmt den Rhythmus unseres Lebens. Wir sind die ersten, die wissen, dass der Frühling da ist. Denn dann erwachen die Motorradfahrer aus dem Winterschlaf und beschleunigen oder motorbremsen mit einem Höllenlärm, je nachdem, aus welcher Richtung sie kommen; denn zweihundert Meter hinter unserem Hof endet die Autobahn. Oder sie beginnt, je nach Sichtweise und

Blickrichtung; denn jedem Ende wohnt auch ein Anfang inne. Jedenfalls ist das bei Autobahnen so.

Unsere Kinder entwickelten mit Hilfe der Autobahn ganz schnell ein ganz natürliches Verhältnis zum Tod. Zuerst war es immer ein großer Schock, wenn eine kleine Katze plötzlich verschwunden war. Stunden- und tagelang wurde gesucht, bis eins der Kinder die breitgefahrene Mieze von unserer Autobahnbrücke aus entdeckte, von Tausenden von Autos auf die Fahrbahn gebepscht. Verschwindet mal wieder ein Tier, dann heißt es bei uns nicht: Zottel ist jetzt im Meerschweinchenhimmel. Oder: Zottel weilt in den ewigen Jagdgründen. Nein, bei uns heißt es: Zottel fährt jetzt auf dem unendlich langen, unendlich breiten Highway. Nun wird inzwischen auch schon nicht mehr lange gesucht. Wir wissen ja, wo unsere kleinen pelzigen Lieblinge sind. Auf diese Weise komme ich neuerdings sogar ums Beerdigen herum.

Trotzdem nervt die Autobahn. Das fängt an damit, dass ständig die Polizei anruft und behauptet, irgend jemand habe sie verständigt, bei uns liefen Kühe auf der Autobahn. Zuerst glaubte ich das sogar und rannte raus, in großer Sorge. Aber es war immer alles in Ordnung. Ich habe nur eine Erklärung für diese ständigen Anrufe: Die Leute knallen dermaßen schnell die Straße entlang, dass sie zwar unsere Kühe sehen können, die neben der Fahrbahn grasen, nicht aber den stabilen Zaun, der zwischen ihnen und der Autobahn verläuft. Da diese Businessfredis während des Abwickelns von Unternehmen im Auto sowieso ständig telefonieren, rufen diese Arschgeigen zwischendurch mal eben bei der Polizei an; die klingelt bei mir durch, und ich muss wieder hin und gucken, ob meine Viecher noch da sind.

Zwei Mal waren tatsächlich Tiere von mir auf der

Autobahn. Beide Male habe ich es selbst bemerkt. Einmal floh ein Kalb vor mir, und auf dem Weg von unserem Hof bis in die Schaufensterscheibe eines Schlachterladens kreuzten wir auch die Autobahn, glücklicherweise ohne Schaden zu machen. Und einmal suchte Wilhelmina, eine Kuh, die auf der Hofkoppel gekalbt hatte, ihr Kalb, welches ich schon in den Kälberstall verbracht hatte. Sie stieg über den Zaun, rannte um die Hofkoppel herum, über die Autobahnbrücke, an der Leitplanke entlang. Dann rauschte sie durch das Straßenbegleitgrün die Böschung hinunter und blieb am Fahrbahnrand stehen. Dort graste sie friedlich, als ich sie entdeckte. Mit einem Eimer Schrot und einem Strick ging ich hin und fing sie ein, freundlich den vorbeifahrenden Autos winkend.

Eines hielt an. Ein älteres Touristenehepaar stieg aus und fotografierte mich. Ich hörte noch, wie die Frau sagte: "Schau mal, wie ursprünglich die Eingeborenen hier noch leben! Ein echter Kuhhirte! Wie idyllisch!" Derweil knipste ihr Mann mich, steckte mir dann fünf Euro zu und sagte: "Foto gut. Nix Gefahr! Nix Seele jetzt in Kasten hier! Du gesund! Alles Gute!" Und sie stiegen in ihr Auto und fuhren wieder, und ich ging heim, mit Wilhelmina im Schlepptau.

Insgesamt überwiegen die negativen Aspekte der Nähe zur Autobahn. Also freute ich mich, als unser Freund Baude eines Tages bei uns im Garten saß und sagte: "Ist ja scheiße, dieser Lärm hier! Das hält ja kein Schwein aus. Die Autobahnen sollen doch privatisiert werden. Ich kauf dieses Teilstück und schenk es euch! Und dann legen wir es still! Versprochen: Zur Silberhochzeit kriegt ihr die Autobahn von mir!" Was für ein reizvoller Gedanke! Acht Kilometer asphaltierter Fahrsilo direkt am Stall! Klasse!

Und am Nachmittag stand Baude auf, zog los und gründete ein Internetunternehmen, um die erforderlichen Millionen zu scheffeln. Inzwischen aber hat er seine Firma verkloppt und ist in die USA ausgewandert, um sich unserem Zugriff zu entziehen. Noch hat er elf Jahre Zeit. Im Jahre 2016 will ich den ersten Schnitt auf die Autobahn knallen! Darauf freue ich mich heute schon! Und ich lasse keine Gelegenheit aus, Baude an sein Versprechen zu erinnern. Bis nach Wisconsin bin ich ihm gefolgt, um ihn aufzuspüren! Wenn es einst soweit sein sollte: Ich glaube, ich werde die Autobahn vermissen, trotz allem. Keine Autos mehr, die bei Schneeglätte in unseren Garten rauschen. Keine Scheinwerfer mehr, die über den wunderbar weißen Körper der Liebsten huschen, wenn wir beieinander liegen. Und keine Gelegenheit mehr, ein liebgewonnenes Ritual auszuführen. Noch heute halte ich auf dem Heimweg von Feten immer auf der Brücke an, um in hohem Bogen von ihr herunter zu pinkeln, stets darauf hoffend, ein Cabrio möge drunterherfahren. Noch nie habe ich eins getroffen. Aber ich habe ja noch elf Jahre Zeit.

Glossar

Bethanal:
Handelsname eines früher gebräuchlichen
Pflanzenschutzmittels

Heuselbstentzündung:
Heu, welches nicht ausreichend trocken eingefahren
wird, erhitzt sich im Lager so stark, dass es zu einer
Selbstentzündung kommen kann. Abhängig von der
Restfeuchte des Heus und der Zufuhr von Sauerstoff
entsteht entweder ein richtiges Feuer oder, wie einst
bei uns, ein Schwelbrand.

IBR:
Infektiöse Bovine Rhinotracheitis. Ansteckende
Rinderkrankheit, die mit Hilfe staatlicher
Programme zur Zeit ausgemerzt werden soll.

Knick:
prägendes Landschaftselement Schleswig-Holsteins.
Baum- und strauchbewachsene Erdwälle als
Feld- und Wegbegrenzung.

Lichtplatten:
lichtdurchlässige Kunststoffplatten meist innerhalb
eines Blechdaches. Gehen bei Sturm gerne kaputt.
Oder wenn man auf sie drauftritt, was nicht
empfehlenswert ist.

Schrankzeug (oder plattdeutsch: Schapptüch):
bei Bauern gebräuchlicher Ausdruck für die
halbwegs saubere, ordentliche Kleidung, mit der
man sich im Dorf sehen lassen kann.

Plattdeutsche und andere Vokabeln

Plattdeutsche Vokabeln:

Farken:	Ferkel
Kalf:	Kalb
Kreih:	Krähe
Plattschüffel:	Plattschaufel
	(bei Bauern beliebtes Werkzeug
	zum Erschlagen von Kleintieren)
Sünn:	Sonne
Utnutter:	Ausnutzer
utschweiten:	ausschwitzen

Englische Vokabeln:

blues:	Blues
breeder:	Züchter
cattle:	Rindvieh
high:	Rausch

Französische Vokabeln:

Dependance:	Abhängigkeit, Nebengebäude,
	hier: Zweigstelle

ABL Bauernblatt Verlags GmbH
Bahnhofstaße 31
59065 Hamm
Telefon 02381/492288
Fax 02381/492221

email:verlag@bauernstimme.de
Internet: www.bauernstimme.de

Umschlaggestaltung, Zeichnungen,
Fotos und Satzherstellung:
Anna Lübsee, Siebeneichen

Druck:
Druckerei Thiebes GmbH, Hagen

Edition Bauernstimme
ISBN: 978-3-930 413-27-0
9. Auflage 15001-17000
Hamm, im April 2014